Dieter Führer

Handbuch
MESSER- UND AXT- WERFEN

WIELAND

Dieter Führer

Handbuch
Messer- und Axtwerfen

3. Auflage, 2016

Alle Rechte der Verbreitung sind vorbehalten.
Nachdruck, auch auszugsweise, nur mit schriftlicher Genehmigung des Verlags.

ISBN 978-3-938711-53-8

© copyright by
Wieland Verlag GmbH, Rosenheimer Straße 22, D-83043 Bad Aibling
Telefon 08061/38998-0, Fax 08061/38998-20
Internet: www.wieland-verlag.com
E-Mail: info@wieland-verlag.com

Fotos: Dieter Führer, Hans Joachim Wieland
Illustrationen: Dieter Führer
Umschlaggestaltung und Layout: Caroline Wydeau

Haftungshinweis: Die Angaben in diesem Buch sind nach bestem Wissen und Gewissen erstellt. Autor und Verlag können aber keinerlei Haftung übernehmen für Unfälle und Schäden, die bei der praktischen Umsetzung möglicherweise entstehen.

Druck: Graspo CZ

Printed in EU

INHALT

VORWORT	**5**
Teil A: MESSERWERFEN	**6**
Sicherheit	**8**
Vorbereitung	**10**
Einen Wurfstahl anfertigen	10
Ein Wurfziel herstellen oder finden	11
Vorübung: Wurf aus kürzester Entfernung ohne Umdrehung	**17**
Griff und Handhaltung	17
Stand und „Maßnehmen"	18
Ausholen, Werfen und „Nachhalten"	19
Korrekturen	25
„Blockiertes" Handgelenk	26
Üben! Üben! Üben!	27
Basiswurf: Wurf aus vier Metern mit einer Umdrehung	**28**
Rotationsgeschwindigkeiten	30
Würfe aus unterschiedlichen Entfernungen	31
Die Auswahl eines Wurfmessers	35
Das Gleichgewicht	**39**
Schwerpunktlage	39
Tariergewichte	41
Länge und Gewicht	43
Wurfmessermodelle	**46**
Wurfmesser-Klassiker	46
Besondere Wurfmessermodelle	48
Messerwerfen im Militär-Stil	**50**
Die Voraussetzungen	50
Ausführung der Würfe	51
Griffvarianten	**54**
Wurf aus der flachen Hand	54
Unterhandwurf	55
Klemmgriff für Klappmesser	57
Trageweisen	**60**
Trickwürfe	**62**
Messerwerfen als Nahkampf- und Selbstverteidigungstechnik?	**66**

Teil B: AXTWERFEN	**69**
Definition	**72**
Axt	72
Beil	73
Tomahawk	73
Für den Anfang…	**74**
Vom Handbeil zur Wurfaxt	**74**
Anschliff der Schneide	**76**
Es ist ganz einfach!	**77**
Haltung der Axt	**78**
Bewegungsablauf	**79**
Ein wenig Physik	**82**
Halbe Umdrehung	**83**
Schwerpunkt und Rotation	**84**
Stiellänge	**85**
Einstielen	**86**
Typische Wurfäxte	**88**
Klassische Modelle	88
Tactical Tomahawks	93
Eher nicht zu empfehlen	94
Schutzhülle und Tragetasche	**95**
Doppelaxtwerfen	**96**
Teil C: ANHANG	**97**
Rechtliche Aspekte	97
Werfertreffen und Wettbewerbe	99
Bauanleitung: Wurfziel Baumscheibe auf Stativ	101
Internet-Adressen	102
Literatur	102

VORWORT

Lange habe ich den Gedanken mit mir herumgetragen, ein Handbuch für das Messer- und Axtwerfen zu verfassen. Denn deutschsprachige Bücher über das Messerwerfen wurden in den späten Achtzigern verlegt, sind nicht mehr auf dem neuesten Stand und müssten dringend überarbeitet werden. Und über das Axtwerfen gibt es – außer einer kurzen, aus dem Schwedischen übersetzten Anleitung über das Werfen mit der Doppelaxt – überhaupt nichts Entsprechendes in deutscher Sprache. Gute Gründe also, etwas Neues auf den Markt zu bringen!

Denn das sportliche Messer- und Axtwerfen erlebt zur Zeit einen ausgesprochenen Boom. Das Interesse hat gewaltig zugenommen und wird durch die Gründung des Europäischen Werferverbands „Flying Blades" (Eurothrowers) im Sommer 2003 unterstrichen. Bestätigt wird das zunehmende Interesse auch durch die Tatsache, dass Stahlwarenhersteller eine vor allem für den Anfänger kaum überschaubare Anzahl verschiedener Wurfgeräte anbieten.

Also habe ich mich zunächst daran gemacht, einschlägige Literatur zu durchforsten. Ich habe aber auch mehr als hundert verschiedene Wurfgeräte – von der Doppelaxt bis zum Bo Shuriken – zusammengetragen und gründlich erprobt. Außerdem hatte ich bei zahlreichen Werfertreffen und -wettbewerben im In- und Ausland Gelegenheit, Gleichgesinnte kennenzulernen, mich mit ihnen auszutauschen und erfolgreich zu messen.

Dieses Buch basiert im Wesentlichen auf meinen persönlichen Techniken und Erfahrungen. Aber auch die Erkenntnisse anderer, profilierter Werfer sind eingearbeitet: Aus der Praxis – für die Praxis!

Dieter Führer

TEIL A: MESSERWERFEN

Messerwerfen – das kennst du aus Hollywood-Filmen, der Zirkusarena oder von der Varieté-Bühne. Da schaltet der Held mit sicherem Wurf seinen Widersacher aus, oder der Artist wirft scharfe Gegenstände mit atemberaubender Präzision nach seiner attraktiven, leichtbekleideten Assistentin – Gott sei Dank ohne sie zu treffen!

Messerwerfen ist nicht gerade leicht zu erlernen. Es kann am Anfang aufgrund der zahlreichen Fehlwürfe sogar ziemlich frustrierend sein und stellt hohe Anforderungen an Konzentrationsvermögen, Hand-Augen-Koordination und Bewegungsgefühl. Wenn die Klingen aber erst mal so fliegen, wie du es willst, und zuverlässig im Ziel stecken, wird es dich faszinieren.

Vor den Erfolg haben die Götter den Schweiß gesetzt. Nicht aufgeben! Es wird schon werden!

SICHERHEIT

„Eine gefährliche Klinge! Stahl ist nur denen von Nutzen, die damit umgehen können. Er ist gleichermaßen dazu bereit, deine Hand zu verletzen wie jede andere."
J. R. R. Tolkien: Die Geschichte der Kinder Húrins

Messer- und Axtwerfen ist sicher nicht ganz ungefährlich. Deshalb müssen sich alle Beteiligten unbedingt so verhalten, dass Verletzungen ausgeschlossen bleiben. Die folgenden Sicherheitsregeln darfst du auf keinen Fall vernachlässigen:

1. Niemals – auch nicht andeutungsweise! – auf Menschen oder Tiere werfen.
2. Niemand darf sich in der Wurfbahn oder in Zielnähe aufhalten.
3. Der gesamte Bereich um die Wurfbahn muss gut einsehbar sein.
4. Die Wurfbahn muss frei sein von Hindernissen, zum Beispiel herabhängenden Zweigen.
5. Alle Zuschauer bleiben in einem angemessenen Abstand hinter dem Werfer.
6. Immer mit ab- und zurückprallenden Wurfgeräten rechnen.
7. Minderjährige dürfen nur unter sachkundiger Aufsicht werfen.
8. Wurfmesser immer in einer passenden Scheide aufbewahren, vor allem, wenn es am Mann getragen wird. Wurfäxte mit einem Schneidenschutz versehen.
9. Der Hintergrund soll so beschaffen sein, dass Wurfgeräte bei Fehlwürfen nicht verloren gehen können.
10. Lebende Bäume nicht als Ziele missbrauchen!

Wenn mehrere Werfer gleichzeitig werfen, was bei Treffen und Wettbewerben fast immer der Fall ist, müssen Absprachen getroffen werden, die das Vortreten zum Ziel und Zurückholen der Wurfgeräte regeln. Es empfiehlt sich, besonders beim Training und Einwerfen eine für die Sicherheit zuständige Aufsicht einzuteilen, vor allem dann, wenn die Wurfbahnen nahe beieinander liegen.

Teil A: Messerwerfen

BEGRIFFSBESTIMMUNG: WURFMESSER MIT SCHEIDE

Damit wir nicht aneinander vorbeireden, findest du hier die wichtigsten Begriffe rund ums Wurfmesser.

Die europäischen Wettbewerbsregeln schreiben eine Mindest-Gesamtlänge von 23 Zentimetern und eine maximale Klingenbreite von 6,0 cm vor.

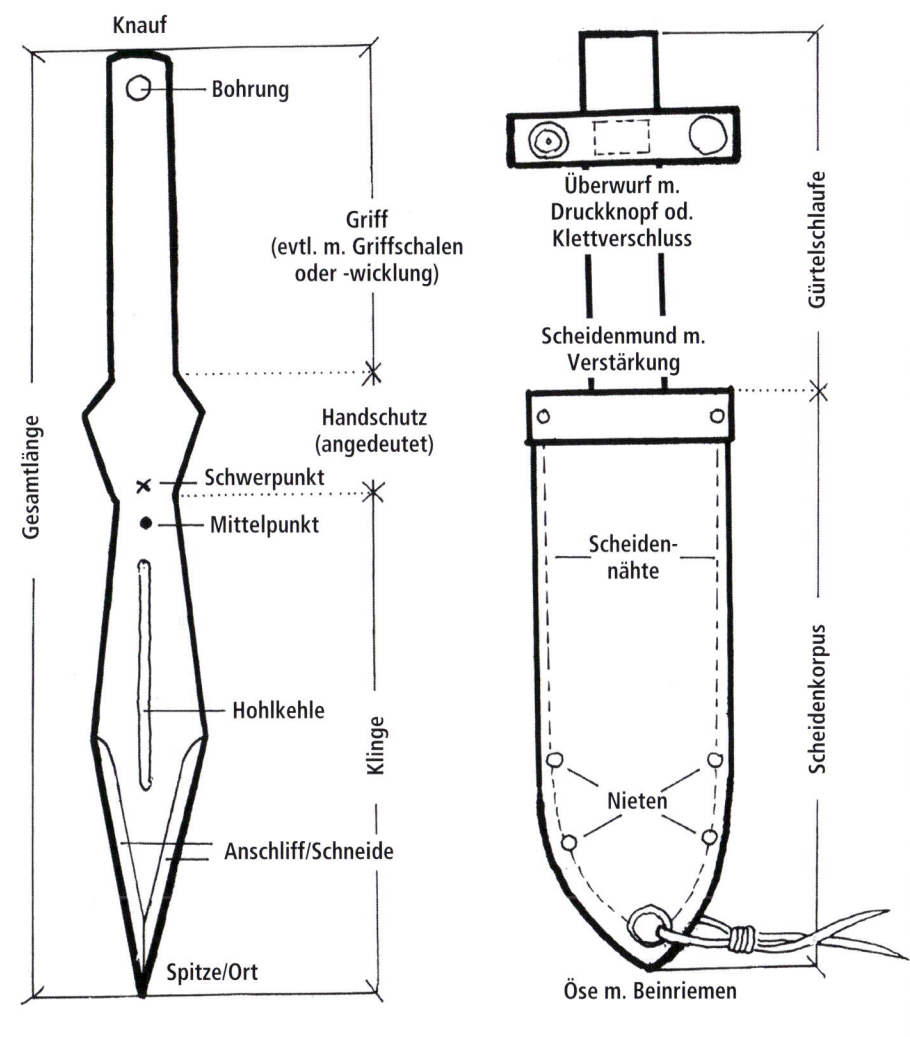

Teil A: Messerwerfen

VORBEREITUNGEN

Du bist also fest entschlossen, das Messerwerfen zu lernen? Dann lass uns bei Null anfangen. Wenn du jemanden kennst, der es schon beherrscht, kannst du dich von ihm unterrichten lassen. Wenn du es dir aber ohne fremde Hilfe beibringen willst, gehst du am besten so vor, wie es im Folgenden beschrieben ist.

Einen Wurfstahl anfertigen

Bevor du nicht eine gewisse Fertigkeit im Messerwerfen hast, brauchst du auch noch kein Geld für die Anschaffung eines Wurfmessers auszugeben. Sonst ist die Wahrscheinlichkeit groß, dass du ein Exemplar erwischt, das du besser nicht gekauft hättest. Also warte damit noch ein bisschen! Es gibt nämlich zahlreiche Varianten, die sich zum Teil erheblich voneinander unterscheiden. Noch kannst du nicht wissen, welches für dich das richtige ist. Fürs Erste tut's auch ein selbst gefertigter Wurfstahl.

Wenn du schon ein Wurfmesser besitzt, das mindestens 25 Zentimeter lang ist, etwa 250 Gramm wiegt und einen geraden Griff hat, dann kannst du es natürlich anstelle des Wurfstahls benutzen.

Für den Anfang völlig ausreichend: Einfacher, selbst angefertigter Wurfstahl. Die Löcher waren bereits beim Ausgangsmaterial vorhanden und haben keine Funktion.

Für den Wurfstahl beschaffst du dir zunächst ein Stück Stahlblech oder Bandstahl. So etwas findest du auf einem Schrottplatz oder unter den Abfallstücken einer Schlosserei. Es sollte etwa 35 Zentimeter lang, 2,5 bis drei Zentimeter breit und vier bis fünf Millimeter stark sein.

Das eine Ende dieses Stückes schleifst du mit Hilfe eines Schleifbocks zu einer soliden Spitze. Der Zuschliff muss keineswegs scharf, aber gut zugespitzt sein. Jetzt werden noch die Kanten an den langen Seiten und am Knauf mit einer Feile abgerundet („gebrochen"), und schon ist der Wurfstahl fertig.

Das ist für den Anfang völlig ausreichend und sicher auch preiswerter als der Kauf eines entsprechenden Wurfmessers. Vielleicht kannst du dir ja gleich einen Satz von drei Stücken anfertigen. Wenn du die erforderlichen Arbeiten nicht selbst ausführen kannst oder willst, macht das jeder Schlosser.

Ein Wurfziel herstellen oder finden

Als nächstes brauchst du natürlich ein solides Wurfziel. Selbstverständlich wirst du niemals – ich wiederhole: niemals! – auf lebende Bäume werfen. Das verbietet der Respekt vor der Natur. Außerdem kannst du Ziele, die für Messer oder Axt geeignet sind, ohne allzu großen Aufwand selber herstellen oder in Feld und Wald finden.

Aufgebockte Baumscheibe
Baumscheiben sind Abfallholz. Du bekommst sie in Sägewerken. Am besten eignen sich solche vom Stammende einer Fichte. Der Durchmesser sollte etwa 50 Zentimeter, die Stärke mindestens 20 Zentimeter betragen. Je stärker, desto besser, denn Baumscheiben reißen leicht, wenn sie austrocknen. Dagegen hilft gelegentliches Wässern.

In die Baumscheibe bohrst du drei Sacklöcher mit je sechs Zentimetern Durchmesser. In diese schlägst du die Stelzen (mit demselben Durchmesser und jeweils rund 1,5 Meter Länge) hinein, auf denen die Baumscheibe aufgebockt wird. Größere und schwerere Exemplare kannst du

Teil A: Messerwerfen

auch auf einem aus Kanthölzern gefertigten Stativ platzieren (Bauanleitung auf Seite 101). Baumscheiben lassen sich auch an einer Wand aufhängen, vor der du aber vorher ein Futter aus Brettern anbringen musst, das Fehlwürfe auffängt. Bedenke auch, dass deine Würfe beim Auftreffen Lärm verursachen, und nimm entsprechend Rücksicht.

Ziel-Varianten: Baumscheibe, aufgebockt auf drei Stelzen oder auf einem Stativ aus Kanthölzern.

Im Wald zu finden: Übereinander gestapelte Baumstämme.

Pyramide aus Baumstämmen

Die abgebildete „Baumstamm-Pyramide" wurde auf einer Waldlichtrung errichtet und ermöglicht ständige Zielwechsel beim Werfen. Die Stämme (von einer Baumkrankheit befallenes Abfallholz) wurden auf der Rückseite mit Bauklammern fixiert und werden bereits seit mehr als zehn Jahren als Wurfziele genutzt.

„Marterpfahl"

Ein etwa zwei Meter langer Baumstamm mit einem Mindestdurchmesser von 30 Zentimetern wird in den Boden eingelassen und mit der Kettensäge so angeschnitten, dass eine ebene Fläche entsteht, auf die man dann werfen kann. Dieser Anschnitt erleichtert das Treffen, denn sonst müsste man den Stamm immer mehr oder weniger genau in der Mitte erwischen.

Wurfwand aus verleimten Kanthölzern

Mit den Maßen 200 cm x 75 cm x 17 cm ist die abgebildete Wand recht schwer und zu zweit gerade noch zu transportieren. Sie wird durch zwei Streben nach hinten abgestützt. Die Herstellung ist aufwändig,

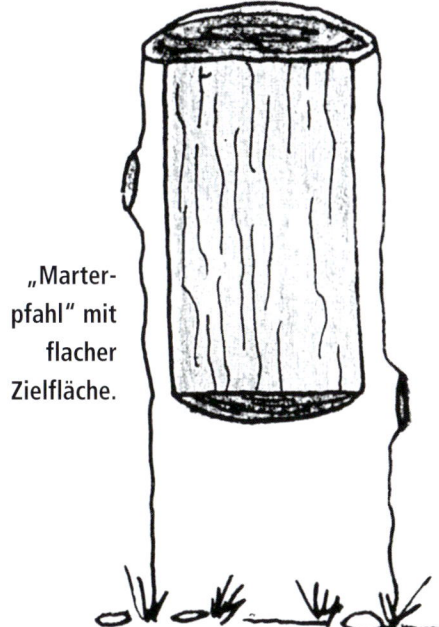

„Marterpfahl" mit flacher Zielfläche.

Aufwändige Herstellung und hohes Gewicht: Wurfwand aus Kanthölzern.

Teil A: Messerwerfen

aber die abgebildete Wurfwand ist seit zehn Jahren im Einsatz und härtesten Bedingungen gewachsen. Wenn die Vorderseite zerspellt ist, wird sie umgedreht.

Schräg gelegter Baumstamm

Solche einfachen Ziele kannst du schnell aus Abfallholz errichten, das beim Holzmachen im Wald liegen geblieben ist. Um den Baumstumpf in die gewünschte Schräglage zu bringen, kann man Rundhölzer unterlegen oder einen Stamm als Auflage nutzen. Wenn man dazu vorher die Erlaubnis des Grundeigentümers einholt, ist man auf der sicheren Seite.

Einfache Lösungen: Stirnflächen schräg gelegter Fichtenstämme.

Teil A: Messerwerfen

Natürliche Ziele

Sie entstehen häufig, wenn ein Sturm im Wald Windbruch verursacht hat, der aufgearbeitet wurde. Die Schnittstellen bilden dann besonders reizvolle Ziele, mit denen du keinen Aufwand hast. Aber auch hier sollte man besser um Erlaubnis fragen.

Zusätzliche Hinweise

Und was ist noch zu beachten? Fichtenholz ist als Material für den Zielbau bestens geeignet. Das gilt überhaupt für alle Nadelhölzer, aber auch für weiches Laubholz, zum Bespiel Pappel oder Linde. Baumscheiben sollte man Brettern oder Bohlen auf jeden Fall vorziehen.

Wie für das Messerwerfen gemacht: Zufällig entstandene „natürliche" Ziele.

Teil A: Messerwerfen

Beim Zielbau musst du immer auf den Verlauf der Maserung im Holz achten, damit dein Wurfgerät leicht eindringen kann und zuverlässig stecken bleibt. Selbstverständlich muss die Frontseite des Ziels frei sein von Metallteilen (Nägeln, Schrauben, Draht usw.). Auf hartes Holz sollte man besser verzichten, denn es erschwert das Eindringen der Klingen. Ebenso auf harzhaltiges Holz, weil sich das klebrige Zeug sonst auf deinem Wurfgerät und auch an deinen Händen wiederfindet. Und das ist ein ausgesprochen unangenehmes Gefühl – nicht nur beim Werfen.

Das Ziel markierst du immer mit mindestens einem Zentrum („Bull's Eye") – zum Bespiel einem Farbpunkt, einem Blatt oder einer Spielkarte – auf das du „zielst" und das es zu treffen gilt. So verbesserst du auch dein Konzentrationsvermögen und damit deine Treffgenauigkeit. Selbstverständlich kannst du auch mehrere Zielpunkte anbringen. Denn ständiger Zielwechsel hilft dir, dich immer wieder auf ein anderes Ziel einzustellen.

Wenn sich in unmittelbarer Nähe des Ziels – vor allem direkt davor – harter Untergrund befindet (Beton, Steine, Asphalt usw.), kannst du diesen mit Matten, Teppichresten oder Spanplatten abdecken, damit deine Wurfgeräte bei Fehlwürfen nicht beschädigt werden.

Schließlich solltest du noch bedenken, dass deine Würfe beim Auftreffen Lärm verursachen – Fehlwürfe besonders. Nimm deshalb entsprechend Rücksicht auf etwaige Anwohner.

Teil A: Messerwerfen

VORÜBUNG
(Wurf aus kürzester Entfernung ohne Umdrehung*)

Griff und Handhaltung

Nachdem Wurfgerät und Wurfziel hergestellt sind, kann es nun endlich losgehen mit der Werferei. Hier siehst du, wie du den Wurfstahl in die Hand nehmen sollst:

Du fasst ihn, wie man einen Hammer fasst, und hältst ihn etwa parallel zum Boden. Dabei liegt der Daumen auf dem Rücken des Wurfstahls. Der kleine Finger berührt gerade noch das Ende. Nicht zu fest zugreifen, eher locker halten!

Standardhaltung: Der Wurfstahl wird wie ein Hammer in die Hand genommen.

*Alle folgenden Angaben gelten für Rechtshänder; Linkshänder verfahren entsprechend.

Teil A: Messerwerfen

Stand und „Maßnehmen"

So baust du dich vor dem Ziel auf:

Du stehst in Schrittstellung. Der vordere Fuß – das ist beim Rechtshänder immer der linke! – hat einen Abstand von etwa 1,50 Meter zum Ziel. Den hinteren setzt du eine Schrittlänge zurück.

Deine rechte Schulter steht dem Ziel genau gegenüber, so dass sich deine Körperlängsachse leicht neben der Zielmitte befindet.

Das Körpergewicht liegt deutlich auf dem vorderen Fuß. Deshalb ist das linke Knie auch leicht gebeugt. Der seitliche Abstand zwischen deinen Füßen beträgt etwa Schulterbreite. Die Skizze zeigt die Stellung in der Draufsicht.

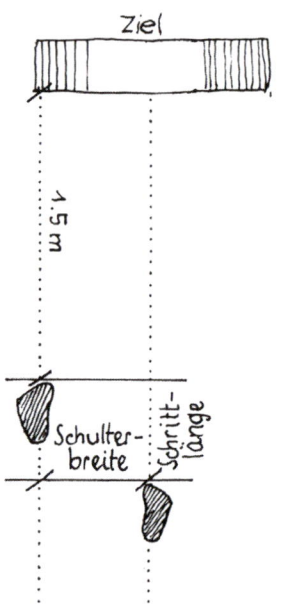

Start der Vorübung: Im Abstand von 1,5 Metern zum Ziel wird Maß genommen.

Stehst du zu eng, ist dein Gleichgewicht unsicher. Stehst du zu weit, wird sich deine Haltung verkrampfen. Zugegeben – ich stehe auf den Bildern ziemlich weit. Das ist aber bei mir immer so und liegt wohl an meiner Vergangenheit als Budo-Sportler.

Die freie Hand legst du flach auf den Bauch. Da bleibt sie, denn dort hast du sie unter Kontrolle. Du kannst sie auch in die Leistenbeuge oder auf den Oberschenkel legen, hinter dem Rücken halten oder in die Hosentasche stecken. Sie soll sich aber bei jedem Wurf an derselben Stelle befinden, damit sich keine unkontrollierten Bewegungen ergeben, die dein Gleichgewicht ungünstig beeinflussen könnten.

Jetzt hebst du die Hand mit dem Wurfstahl, bis dessen Spitze auf die Mitte des Ziels zeigt. Oberarm, Unterarm, Hand und Wurfstahl bilden dabei annähernd eine Linie. Wir bezeichnen diese Phase als „Maßnehmen".

Ist dein Oberkörper aufrecht und der Kopf gerade? Richte den Blick fest auf die Zielmitte: Du konzentrierst dich auf den bevorstehenden Wurf!

Ausholen, Werfen und „Nachhalten"

Du hebst nun die Messerhand in Scheitelhöhe und beugst gleichzeitig den Wurfarm, so dass der Oberarm waagerecht und der Unterarm senkrecht steht. Die Spitze des Wurfstahls zeigt jetzt nach oben. Das Handgelenk darf dabei ruhig ein wenig abgeknickt sein.

Aus dieser Position schwingst du den Wurfarm mit einer kraftvollen, kreisförmigen Bewegung nach vorne und unten. Deine rechte Schulter folgt dieser Vorwärts-/Abwärtsbewegung und nimmt den Oberkörper mit.

Jetzt kommt der schwierigste Moment: Das Loslassen! Für das Wann und Wo des Loslassens gibt es keine verbindliche Empfehlung. Gelegentlich kann man hören, man solle das Wurfgerät loslassen, wenn die Spitze auf das Ziel zeigt. Das ist auf jeden Fall falsch, denn das Loslas-

Teil A: Messerwerfen

Ausholbewegung: Der Arm wird angehoben, leicht nach außen gedreht und angewinkelt.

Das gleiche von hinten: Der Wurfstahl zeigt nach oben/hinten, der Ellbogen nach außen.

Teil A: Messerwerfen

Endposition: Der Wurfstahl ist hier ganz hinten, der Körper bewegt sich schon vorwärts.

sen muss unbedingt und in jedem Fall früher erfolgen – etwa in Scheitelhöhe! Die Skizze auf der nächsten Seite zeigt, warum das so sein muss.

Das wirst du aber mit Sicherheit nach einigen Versuchen erfühlen und instinktiv richtig machen. Auch das zusammengeknüllte Blatt Papier findet ja aufgrund der Hand-Augen-Koordination ganz selbstverständlich den Weg aus deiner Hand in einem Bogen durch die Luft in den drei Meter entfernt stehenden Papierkorb.

Hast du dabei etwa vorher darüber nachgedacht, wann das Papier deine Hand verlassen muss und wie viel Kraft du aufwenden musst? Nein, denn dein Körper hat sich schon vor langer Zeit auf solche und ähnliche Aufgaben eingestellt und funktioniert „instinktiv".

Richtig schwierig wird es nur, wenn du noch nie im Leben versucht hast, einen Stein, Stock oder Ball nach einem Ziel zu werfen. Aber davon wollen wir mal nicht ausgehen.

Teil A: Messerwerfen

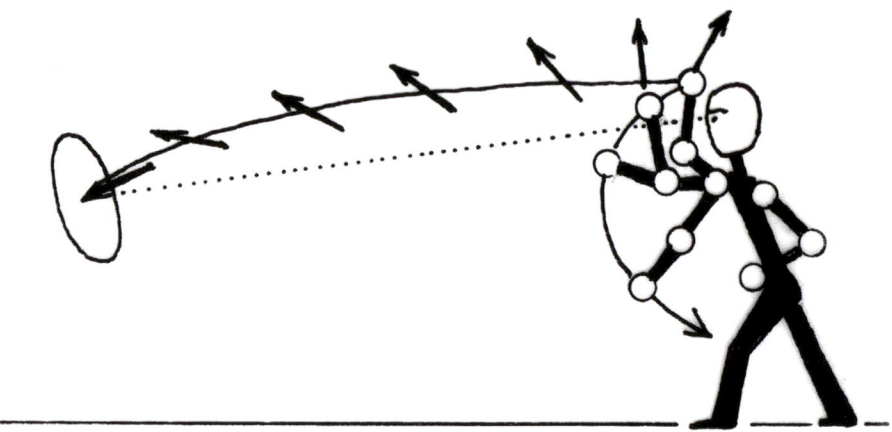

Schematisch: Das Messer wird bereits losgelassen, wenn die Spitze nach oben zeigt.

Automatisch im richtigen Moment: Die Bewegung kurz vor dem Loslassen des Wurfstahls.

Da du den Wurfstahl ja nicht allzu fest gehalten hast, wird er wie von selbst aus deiner Hand gleiten und pfeilgerade mit der Spitze voran auf das Ziel zufliegen. Eine Umdrehung macht er dabei nicht, denn bevor er sich überschlagen kann – das würde bei einer längeren Flugbahn unweigerlich passieren – steckt er schon mit der Spitze im Holz.

Der Aufschlag verursacht ein sattes, unnachahmliches Geräusch: Tschock!

Du brichst die Bewegung des Wurfarms jetzt auf keinen Fall ab und lässt den Arm in der Luft stehen, sondern führst ihn in einem Kreisbogen weiter, bis deine Hand das linke Knie erreicht hat. Da kann sie sich jetzt ausruhen. Wir nennen das „Nachhalten" (engl. „follow through"). In dieser Haltung solltest du einen kurzen Augenblick bleiben. Dann kannst du dich aufrichten.

Auf dieses „Nachhalten" darfst du keineswegs verzichten, sonst wird es dir kaum gelingen, einen stets gleichförmigen Bewegungsablauf einzuüben. Und der ist fürs Messer- und Axtwerfen nunmal unverzichtbar.

Jetzt wirst du dich vielleicht fragen: „Aber was ist, wenn das Messer nach einem Fehlwurf zurückspringt und ich so dicht vor der Scheibe stehe, dass es mich treffen kann? Ist das nicht gefährlich?"

Der Einwand ist natürlich berechtigt. Auf Abpraller musst du jederzeit gefasst sein. Bestmöglicher Schutz: Konzentriere dich voll auf jeden Wurf. Dazu gehört auch, dass du immer bereit bist, einem Abpraller auszuweichen. Außerdem: Je zaghafter du zur Sache gehst, desto eher wirst du Abpraller fabrizieren!

Teil A: Messerwerfen

So soll es aussehen: Der Wurfstahl trifft das Ziel, der Wurfarm führt die Bewegung weiter.

Endposition: Der Wurfarm ruht auf oder vor dem Knie – so einen Moment verharren.

Korrekturen

Wenn der Wurfstahl schräg im Holz steckt, solltest du korrigieren. Das kann auf verschiedene Weise geschehen. Wenn der Griff nach oben ragt („überdreht"), dann:

- verringerst du die Distanz zum Ziel, indem du ein wenig näher trittst (aber höchstens eine Fußlänge!)
- oder du lässt den Wurfstahl einen Sekundenbruchteil später aus der Hand gleiten
- oder du fasst den Stahl etwas fester
- oder du legst dich stärker in den Wurf hinein, beugst also den Oberkörper etwas weiter vor

Wenn der Griff nach unten zeigt („unterdreht"), kannst du:

- die Distanz zum Ziel ein wenig vergrößern
- den Wurfstahl etwas früher loslassen
- ihn lockerer greifen
- dich nicht so stark in den Wurf „hineinlegen", also den Oberkörper nicht ganz so weit nach vorne beugen

Griff zeigt nach oben: Hier spricht man davon, dass der Wurf überdreht ist.

Griff zeigt nach unten: Ein solcher Wurf ist unterdreht.

Teil A: Messerwerfen

Idealfall: Der Wurfstahl steckt gerade im Ziel. Die Rotation passt exakt zum Abstand.

Genau so soll es sein! Wenn der Wurfstahl so wie im Bild oben im Ziel steckt, hast du alles richtig gemacht.

„Blockiertes" Handgelenk

Bei jedem Wurf musst du dein Handgelenk „blockieren", das heißt es darf im Augenblick des Auslassens auf keinen Fall angewinkelt oder locker sein. Unterarm, Daumenoberseite und Wurfstahl sollten annähernd eine Linie bilden.

Teil A: Messerwerfen

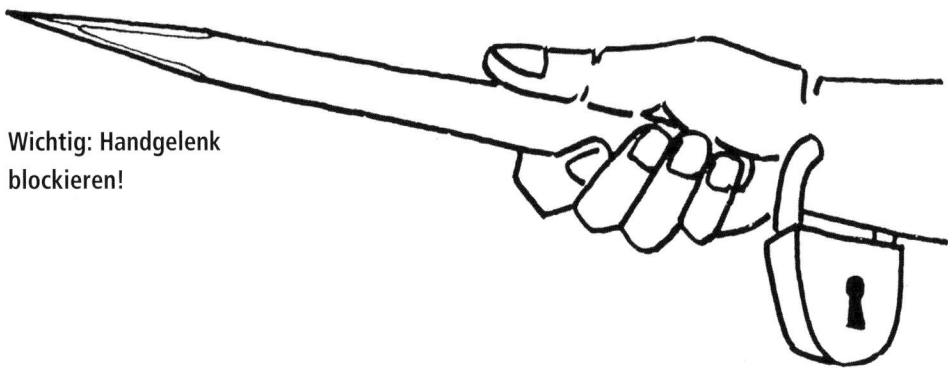

Wichtig: Handgelenk blockieren!

Vielleicht hilft dir dabei die Vorstellung, dass das Wurfgerät nicht eigentlich geworfen, sondern geschleudert wird.

Üben! Üben! Üben!

Die Skizze auf Seite 22 zeigt dir noch mal schematisch, was du bis jetzt gelernt hast: Du erkennst den Bewegungsablauf, die einzelnen Phasen und die Flugbahn des Wurfgeräts.

Beachte, dass das Wurfgerät nahezu senkrecht steht, wenn es deine Hand verlässt, und dass die Flugbahn keineswegs gerade ist, sondern die Form einer ballistischen Kurve hat. Diese wird durch die Geschwindigkeit, die Erdanziehung (Schwerkraft) und den Luftwiderstand bestimmt, die während des Flugs auf das Gerät einwirken.

Und jetzt geht's ans Üben! Den gesamten Vorgang solltest du mit voller Konzentration nachvollziehen, bis du von 25 aufeinanderfolgenden Würfen tatsächlich 25 ins Ziel bringst. Mit zunehmender Übung wird sich der stets gleiche Bewegungsablauf bei dir „einschleifen" und in Fleisch und Blut übergehen.

Nach einiger Zeit wirst du feststellen, dass dein Wurfstahl immer häufiger den Zielpunkt trifft, den du mit den Augen fixiert hast – auf den Zentimeter genau! Wenn das klappt, kannst du zur nächsten Wurftechnik übergehen.

Teil A: Messerwerfen

BASISWURF
Wurf aus vier Metern mit einer Umdrehung

Als nächstes trainierst du den Wurf aus einer Entfernung von vier Metern mit einer vollen Umdrehung. Diesen Wurf haben wir „Basiswurf" getauft, weil sich von ihm sämtliche Messerwürfe aus unterschiedlichen Entfernungen ableiten lassen – sei es aus fünf, sieben oder mehr Metern.

Es wird dir nicht schwer fallen, den Basiswurf zu meistern, denn du beherrscht ja bereits den Wurf aus kürzester Entfernung ohne Umdrehung. Der Bewegungsablauf beim Basiswurf ist nämlich genau derselbe. Allerdings steht dein vorderer Fuß jetzt in einem Abstand von vier Metern vor der Scheibe, so dass das Wurfgerät auf seinem Weg durch die Luft zum Ziel fast ein und ein viertel Mal – etwa um 400° – rotiert.

Eingefroren: Das Wurfmesser etwa auf dem Scheitelpunkt der Flugbahn.

Teil A: Messerwerfen

Auf keinen Fall kannst du die Rotation „erzwingen", indem du versuchst, dem Wurfgerät mit der Hand oder dem Unterarm einen zusätzlichen Drehimpuls mitzugeben. Der Wurfstahl wird sich von ganz allein drehen. Dafür sorgt schon die Kreisbewegung deines abwärts geschwungenen Wurfarms. Auch wenn du wolltest, könntest du die Drehung nicht verhindern.

Beobachte bei jedem Wurf genau die Klingenspitze. Prallt der Wurfstahl ab, ohne im Ziel stecken zu bleiben, und die Klingenspitze zeigt dabei nach unten, so war der Wurf überdreht, weil du zu weit vom Ziel entfernt stehst. Dann verkürzt du die Entfernung, indem du etwa eine Fußlänge vortrittst, und versuchst es noch einmal.

Zeigt die Klingenspitze beim Abprallen jedoch nach oben, ist der Wurf unterdreht. Logischerweise musst du dann etwas zurücktreten, um die Entfernung zu verlängern. Probiere ruhig ein wenig herum, bis du deine Entfernung für den Basiswurf gefunden hast.

Dieses Verfahren funktioniert natürlich nur, wenn dein Bewegungsablauf bei jedem Wurf gleichbleibend ist. Du kannst da eine ganze Menge Fehler machen, ohne es sofort zu merken. Kontrolliere dich immer wieder oder lass dir von jemand auf die Finger schauen.

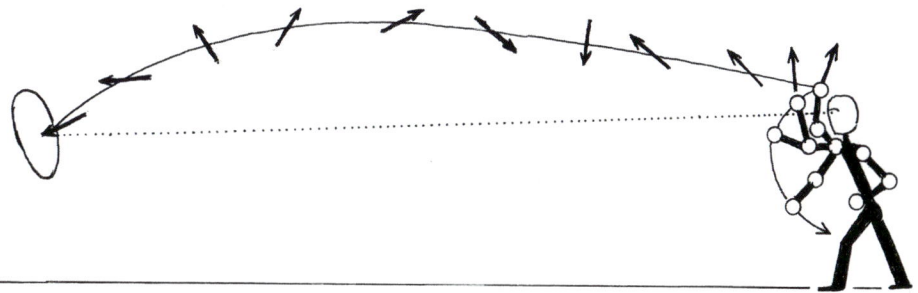

Schematische Darstellung: Ballistische Flugbahn mit einviertel Umdrehungen.

Besonders wichtig: Das Wurfgerät soll deine Hand immer an derselben Stelle und mit derselben Geschwindigkeit verlassen!

Rotationsgeschwindigkeiten

Bisher hast du den Wurfstahl ja so gehalten wie auf Seite 17 gezeigt. Im Augenblick des Loslassens bekommt er durch den leichten Druck, den der auf dem Klingenrücken liegende Daumen ausübt, ein kleines Drehmoment mit. Es wirkt der Rotation entgegen und verlangsamt diese.

Immer wieder einmal prallt der Wurfstahl mit der Spitze nach oben zeigend von der Scheibe ab. Oder er steckt so im Ziel, dass das Griffstück in sehr spitzem Winkel zum Boden zeigt. Eigentlich müsstest du jetzt die Wurfdistanz ein wenig vergrößern, damit er wieder sauber steckt.

Stattdessen kannst du aber auch deinen Griff ändern. Nämlich so wie rechts unten dargestellt. Dann entfällt das oben beschriebene Moment, und der Wurfstahl dreht sich etwas schneller.

Dagegen wird die Rotation verlangsamt, wenn du etwas fester zugreifst. Denn dann gleitet der Wurfstahl gegen einen größeren Reibungswiderstand aus deiner Hand. Denselben Effekt erreichst du, wenn du das Griffstück mit Klebeband umwickelst.

Wenn aber deine Hände und/oder der Wurfstahl nass sind, wird er schneller als gewöhnlich aus der Hand gleiten. Das ist ein eher unerwünschter Effekt, den du vermeiden solltest. Deshalb musst du erforderlichenfalls ein Tuch zum Abtrocknen dabei haben.

Man sollte auf keinen Fall mehrere Änderungen gleichzeitig vornehmen: Also entweder Distanz vergrößern beziehungsweise verkleinern oder aber Griff ändern – niemals beides gleichzeitig!

Nur der Vollständigkeit halber: Sehr erfahrene Werfer können ihren Wurfmessern schnellere Rotationen mitgeben, indem sie mit lockerem Handgelenk werfen. So ist es zum Beispiel möglich, das Messer aus fünf Metern mit einer, aber auch mit zwei Umdrehungen sicher ins Ziel zu bringen.

Teil A: Messerwerfen

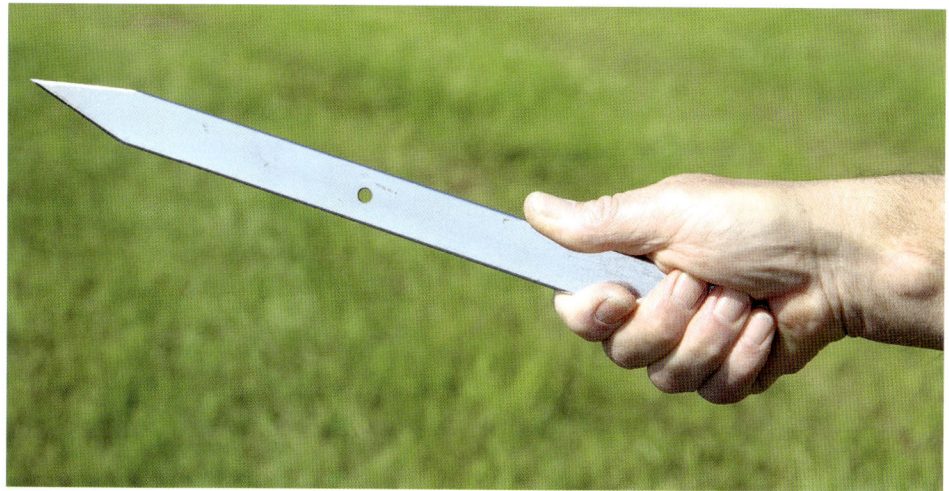

Klassische Handhaltung: Der Daumen auf dem Griff verlangsamt etwas die Rotation.

Alternative: Mit dem Daumen an der Seite dreht sich das Wurfgerät ein wenig schneller.

Würfe aus unterschiedlichen Entfernungen

Natürlich wirst du nicht immer nur den Basiswurf aus vier Metern üben wollen. Wenn du den beherrschst, kannst du Würfe aus anderen Distanzen probieren: Drei, fünf und sieben Meter sind bei nationalen und internationalen Wettbewerben üblich. An denen solltest du dich orientieren – das tun die meisten Werfer.

Teil A: Messerwerfen

Die Tabelle unten zeigt, wie Distanz und Anzahl der Umdrehungen voneinander abhängen, je nachdem, ob du einen Wurf mit langsamer oder schneller Rotation ausführen willst.

Wenn du mit diesen Vorgaben zurechtkommst, wird es dir auch gelingen, nach dem Prinzip „Versuch und Irrtum" Würfe aus noch größeren Distanzen ins Ziel zu bringen. Die Tabelle kann natürlich nur ein Anhalt sein. Sie soll dir helfen, deinen persönlichen Wurfstil zu entwickeln. Ob du dabei erfolgreich bist, hängt ganz wesentlich von einem stets gleichmäßigen, sauberen Bewegungsablauf ab.

Die Tabelle zeigt auch, ob du zum Wurf das Messer am Griff oder an der Klinge fassen musst. Auch die Klingenfassung ist durchaus üblich. Deshalb haben wir nachfolgend am Beispiel eines Wurfs aus fünf Metern mit anderthalb Umdrehungen und Klingenfassung noch einmal den Bewegungsablauf in einer Fotoserie dargestellt.

Tabelle: Distanz, Rotation und Griffhaltung

Distanz	Anzahl der Umdrehungen bei		Fassung für	
	langs. Rotation	schneller Rotation	langs. Rotat.	schn. Rotat.
3 m	1/2	1	Klinge	Griff
4 m	1	1 1/2	Griff	Klinge
5 m	1 1/2	2	Klinge	Griff
7 m	2	3	Griff	Griff

Teil A: Messerwerfen

Ausholen: Die Wurfhand wird hoch über den Kopf gehoben. Der Ellenbogen geht dabei nach rechts außen, der Wurfarm ist gebeugt.

Wurf: Die Wurfhand wird in einem Kreisbogen um die Schulter nach vorne geschwungen (Schlagwurf). Die rechte Schulter folgt dieser Vorwärtsbewegung, der Oberkörper legt sich in den Wurf hinein.

Teil A: Messerwerfen

Loslassen: Das Messer wird in Scheitelhöhe bei blockiertem Handgelenk losgelassen. Der Wurfarm ist dabei gestreckt.

Nachhalten: Die Wurfhand wird in Richtung auf das linke Knie weitergeführt. Der Blick bleibt dabei auf das Ziel gerichtet.

Nachhalten: Während der Aufschlag des Messers beobachtet wird, liegt die Wurfhand geöffnet und entspannt auf dem linken Knie.

Die Auswahl eines Wurfmesser

Bis jetzt bist du ja mit deinem Wurfstahl ganz gut zurechtgekommen. Ich kann mir aber vorstellen, dass du dir endlich ein richtiges Wurfmesser zulegen möchtest. Vielleicht hast du dich ja auch schon darüber informiert, was so alles auf dem Markt zu finden ist und dabei festgestellt, dass zahlreiche Hersteller eine Vielzahl von Wurfmessern in den unterschiedlichsten Formen und Größen anbieten. Für welches Modell soll man sich da entscheiden? Die folgenden Tipps werden dir die Auswahl hoffentlich erleichtern.

Zunächst einmal muss ein Wurfmesser robust und so gut wie unzerstörbar sein, denn es hat eine Menge auszuhalten und soll ja auch Fehlwürfe möglichst unbeschadet überstehen. Diese Eigenschaften findet man zumeist bei Wurfmessern, die nur aus einem geformten und bearbeiteten Stück Flachstahl bestehen.

Aber natürlich bekommt auch ein solches Messer mit der Zeit Kratzer und Macken, verliert die Spitze oder geht sogar zu Bruch. Daher darf der verwendete Stahl nicht zu hart oder spröde sein. Bei einem weicheren Material kann man nämlich Macken oder die beschädigte Klinge durch Hammerschläge leicht wieder richten und mit einer Feile glätten.

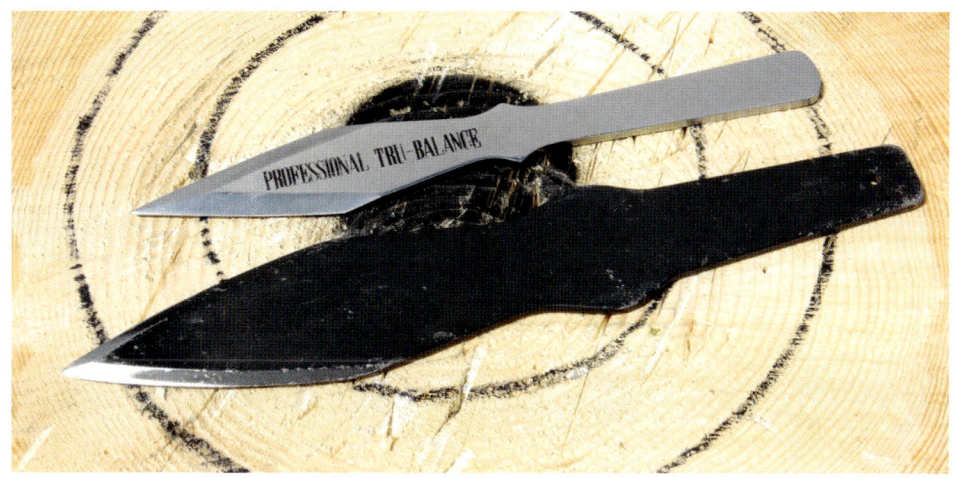

Einfach, aber gut: Wurfmesser aus einem Stück Flachstahl.

Teil A: Messerwerfen

Häufig benutzte Wurfmesser sehen durchweg ganz schön mitgenommen aus. Deine Geräte müssen also nicht unbedingt hoch gehärtet oder rostfrei sein oder eine Beschichtung haben.

Sicher ist es auch zweckmäßig, wenn du dir gleich einen Satz von drei Wurfmessern anschaffst. Misslingt dir dann der erste Wurf, kannst du beim zweiten und dritten sofort korrigieren, ohne dass du erst dein einziges Messer wieder holen und dich dann aufs Neue vor dem Ziel aufbauen musst.

Asymmetrische Formen sowie Vorsprünge und Ecken in der Linienführung eines Wurfmessers gelten bei den Herstellern als verkaufsfördernd. So etwas sollte man aber kritisch bewerten. Sie behindern nämlich das momentfreie Auslassen beim Wurf, das heißt, deine Finger können beim Auslassen an diesen Vorsprüngen oder Ecken hängen bleiben und dem Messer einen unerwünschten Impuls mitgeben. Auch Durchbrüche, Bohrungen und Hohlkehlen sind durchaus unnötig. In diesen fängt sich nur der Schmutz. Außerdem geht dadurch Gewicht verloren, was bei den meisten Messern ja gar nicht wünschenswert ist. Solche Überlegungen sind vielen Herstellern aber offenbar völlig fremd.

Nicht irritieren lassen: Das obere Messer sieht schick aus, doch das untere ist eindeutig als Wurfmesser besser geeignet.

Anfälliger als Ganzstahl-Wurfmesser sind auf jeden Fall solche Stücke, die der Hersteller mit genieteten oder geschraubten Griffschalen ausgestattet hat. Diese können sehr schnell reißen oder sich lockern, wenn sie nicht aus sehr strapazierfähigem Material bestehen und sorgfältig aufgebracht wurden. Das ist natürlich auch immer eine Kostenfrage. Handelt es sich um geschraubte Griffschalen, kannst du die Schrauben lösen und die Griffschalen entfernen, um sie zu schonen. Wenn nötig, werden beschädigte Griffschalen einfach mit Klebeband umwickelt.

Einige Wurfmessermodelle haben Griffwicklungen aus Kordel oder Fangleine. Sie verbessern auf jeden Fall die Griffigkeit, und du kannst sie leicht ersetzen, wenn sie beschädigt sind.

Natürlich soll dein Messer auch eine Scheide haben, damit du es sicher und sauber verstauen und gegebenenfalls auch mal führen – also am Mann tragen – kannst.

Wenn das Wurfmesser für den universellen Gebrauch, also als Mehrzweckgerät, vorgesehen ist und deshalb mit scharfer Schneide geliefert wurde, sollte man diese mit einer Feile abstumpfen oder wenigstens mit Klebeband abdecken, damit man sich nicht versehentlich selbst verletzt. Die Spitze dagegen muss wirklich spitz sein, denn sie soll auch in hartem Holz gut „beißen".

Wenn die Anbieter ihre Modelle mit Prädikaten wie „perfekt ausbalanciert", „garantiert treffsicher" oder „Artistenwurfmesser aus Edelstahl im Profi-Design" bewerben, darf man ruhig skeptisch sein. Denn auch ein hoch gepriesenes (und entsprechend teures!) Messer erfordert eine ausgefeilte Wurftechnik und garantiert nicht von allein zielsichere Würfe. Auch das beste Sportgerät ist immer nur so gut wie der Sportler, der es benutzt.

Wenn du in einem Ladengeschäft, im Versandhandel oder im Internet kaufst, kannst du das Messer deiner Wahl leider nicht ausprobieren. Aber vielleicht hast du Gelegenheit, ein Werfertreffen zu besuchen und dort ein Wurfmesser zu erwerben. Das kannst du dann gleich an Ort und Stelle ausprobieren.

Teil A: Messerwerfen

Wenn sofortiges Ausprobieren aber nicht möglich ist, dann nimm das Wurfmesser, das alle erforderlichen Eigenschaften hat und dir am besten gefällt, in die Hand. Halte es wie zum Wurf am Griff, halte es an der Klinge: Fühlt es sich gut an? Dann nimm es!

Grundsätzlich problematisch: Vernietete Griffschalen können brechen oder sich lockern.

Bessere Lösung: Kordelwicklungen als Griff sind robust und leicht erneuerbar.

DAS GLEICHGEWICHT

Schwerpunktlage

Irgendwie scheint es sich in den Köpfen festgesetzt zu haben: Ein Wurfmesser muss „optimal ausgewogen" sein, sonst ist es als solches ungeeignet! Damit ist wohl gemeint, dass der Schwerpunkt sich genau in der Mitte der Gesamtlänge befinden soll. Richtig! Denn dann wird es nämlich auf seinem Weg zum Ziel um diesen Punkt rotieren. Der Radius dieser Rotation entspricht dabei der halben Länge des Messers. Ergebnis: Gleichmäßige Umdrehungen, egal, ob man das Messer von der Klinge oder vom Griff wirft. Das ist auf jeden Fall von Vorteil und unten im Bild A dargestellt.

Ein gleich langes Messer, dessen Schwerpunkt etwa bei einem Drittel seiner Länge liegt, wird dagegen eine Rotation mit deutlich größerem Radius beschreiben. Das zeigt Bild B. Ergebnis: Unwuchtige Umdrehungen beim Wurf vom Griff und von der Klinge. Trotz der Unwucht ist dieses Messer aber ebenfalls gut fürs Werfen geeignet. Für weite Entfernungen ist es sogar vorteilhafter, denn es macht auf gleicher Strecke weniger Umdrehungen.

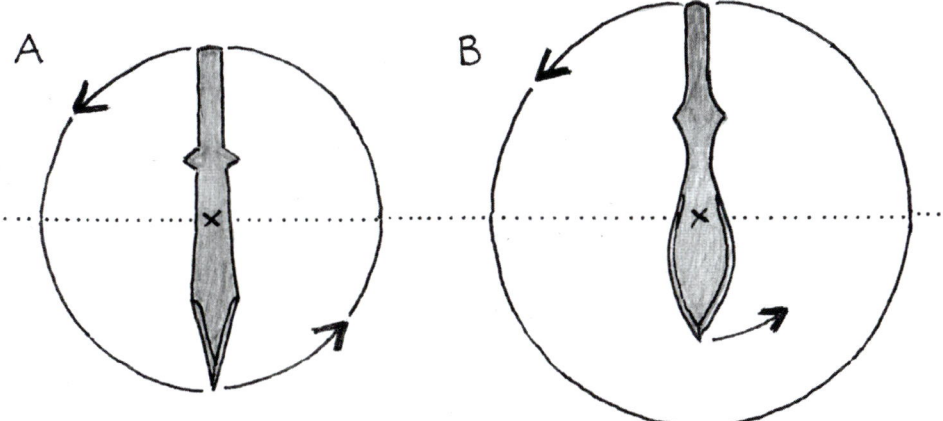

Rotationskreis: Bei außer der Mitte liegendem Schwerpunkt ist der Radius bei gleicher Messerlänge größer.

Teil A: Messerwerfen

Grundsätzlich gilt: Weniger Umdrehungen bedeuten mehr Kontrolle aufgrund geringerer Fehlerquellen. Die kleinen Fehlerchen, die du beim Loslassen kaum vermeiden kannst, machen sich auf kurze Entfernungen noch nicht sehr stark bemerkbar, werden sich aber mit zunehmender Wurfdistanz mit jeder Umdrehung zu einem großen Fehler „aufschaukeln" und deinen Wurf unter Umständen verderben.

Wenn du ein Messer zum Werfen in die Hand nimmst, sollte der Schwerpunkt bei ausgestrecktem Wurfarm („Maßnehmen") vor deiner Hand liegen. Grundsätzlich kannst du also zunächst von folgender Faustformel ausgehen:

> **Schwerpunkt im Griff → Klingenfassung**
> **Schwerpunkt in der Klinge → Grifffassung**

Bist du nicht sicher, wo sich der Schwerpunkt des Messers befindet, dann kannst du es auf deinem ausgestreckten Zeigefinger ausbalancieren.

Schwerpunkt suchen: Das Messer wird auf dem Finger balanciert.

Tariergewichte

„Ein Wurfmesser mit zwei Tarierschrauben, die es ermöglichen, das Messer individuell auf Ihre Wurftechnik einzustellen, so dass jeder Wurf ein Treffer wird." Soweit der Katalog-Text, mit dem der Anbieter das linke der drei abgebildeten Wurfmesser anpreist. Wie das funktionieren soll, wird bei diesem Produkt aus Fernost aber nicht weiter erklärt. Dem potenziellen Käufer suggeriert man da etwas, das schlechterdings unmöglich ist.

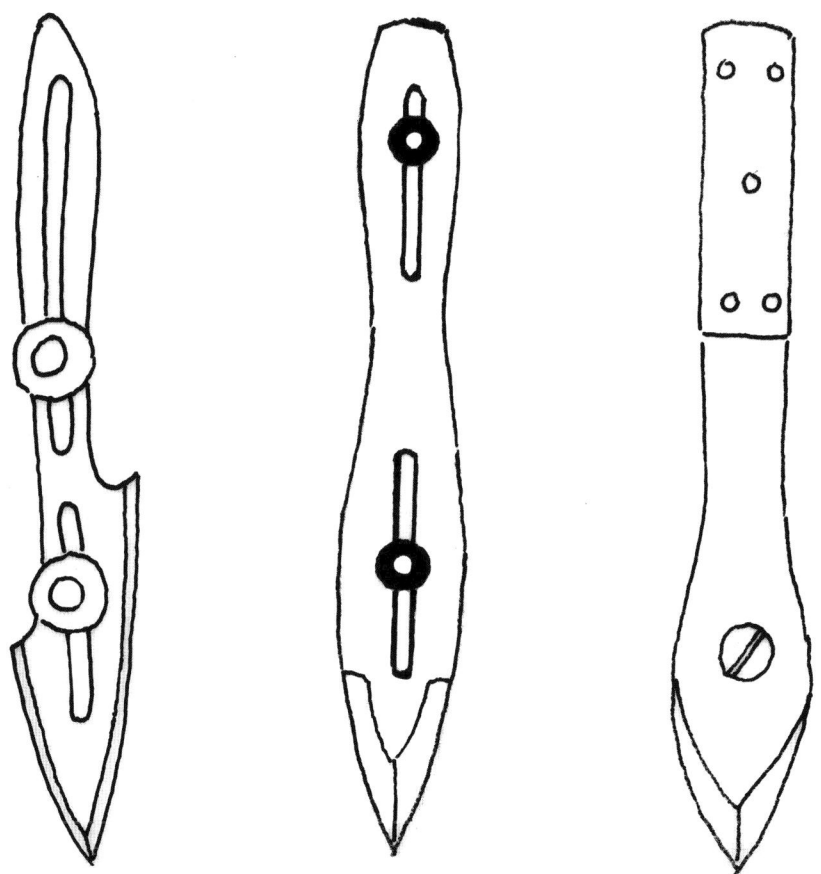

Zweifelhafter Nutzen: Wurfmesser mit verschiebbaren Gewichten oder Schrauben, deren Gewicht viel zu gering ist, um den Schwerpunkt nachhaltig zu beeinflussen.

Teil A: Messerwerfen

Dieses asymmetrische Wurfmesser hat in seiner Längsachse zwei Schlitze, in denen zwei von Inbusschrauben gehaltene Gewichte von je acht Gramm geführt werden. Wenn man diese Schrauben löst, kann man die Gewichte verschieben und an beliebiger Stelle wieder fixieren. Aber: Der Schwerpunkt des Wurfmessers liegt ohne die Gewichte genau mittig – so wie es sein soll. Wie man diese auch anordnet: Der Schwerpunkt wird immer nur um wenige Millimeter verschoben, da die Gewichte ja auch nur acht Gramm wiegen – ein Faktor, der sicher theoretische, aber kaum praktische Auswirkungen hat.

Genauso verhält es sich mit dem in der Mitte abgebildeten, symmetrischen Wurfmesser von gleicher Länge, dessen Gewichte je sechs Gramm wiegen. Auch bei diesem Modell kann man den Schwerpunkt nur um wenige Millimeter verschieben – was keine Vorteile bringt.

Das rechte Messer ist dagegen ein ausgesprochenes Kuriosum: Es stammt von einem renommierten Solinger Hersteller und hat nur eine Schlitzschraube von acht Gramm, die von einem Innengewinde im unteren Drittel der Klinge gehalten wird. Angeblich soll durch Raus- oder Reindrehen dieser Schrauben der Schwerpunkt günstig beeinflusst und das Messer damit auf die Wurfhand eingestellt werden. Das ist wohl kaum nachvollziehbar, erst recht nicht bei einem Messergewicht von 320 Gramm. Immerhin sind diese Stücke aus den Sechziger Jahren inzwischen begehrte Sammelobjekte.

Solche Tariergewichte verrutschen übrigens auch leicht oder gehen verloren, wenn die Schrauben sich lösen. Man sollte so etwas als schmückendes Beiwerk betrachten, das seinen angeblichen Zweck verfehlt und auf das man getrost verzichten kann.

> **Letztendlich gilt:**
> Ein Wurfmesser wird nicht auf den Werfer und dessen Wurfstil eingestellt, sondern der Werfer muss die Eigenschaften des Messers erkennen und sich nach diesen richten.

Länge und Gewicht

Lass uns davon ausgehen, dass du nach einiger Übung mit deinem Wurfmesser auch einmal bei einem Wettbewerb antreten willst, bei dem es darum geht, eine Ringscheibe möglichst genau in der Mitte zu treffen und damit Punkte zu sammeln. Einfach nur, um dich mit anderen Werfern zu vergleichen und zu sehen, wo du stehst.

Dann hat es aber keinen Sinn, mit so einem Spielzeug anzutreten, wie es unten als Zeichnung abgebildet ist. Das Original dieses Wurfmesserchens wiegt nämlich bei einer Länge von 15,5 Zentimetern gerade mal 55 Gramm. Es mag für spielerische Würfe aus drei Metern gerade noch geeignet sein, aber kaum für solche aus fünf oder mehr Metern bei einem sportlichen Wettbewerb. Dann müsstest du es nämlich mit viel Kraft werfen, damit es die nötige Geschwindigkeit bekommt, um beim Auftreffen tief genug ins Holz einzudringen und zuverlässig im Ziel steckenzubleiben. Ständiges Werfen mit ganzer Kraft überlastet aber auf Dauer die Arm- und Schultermuskulatur. Das kann für einen Vielwerfer ganz schön schmerzhaft werden.

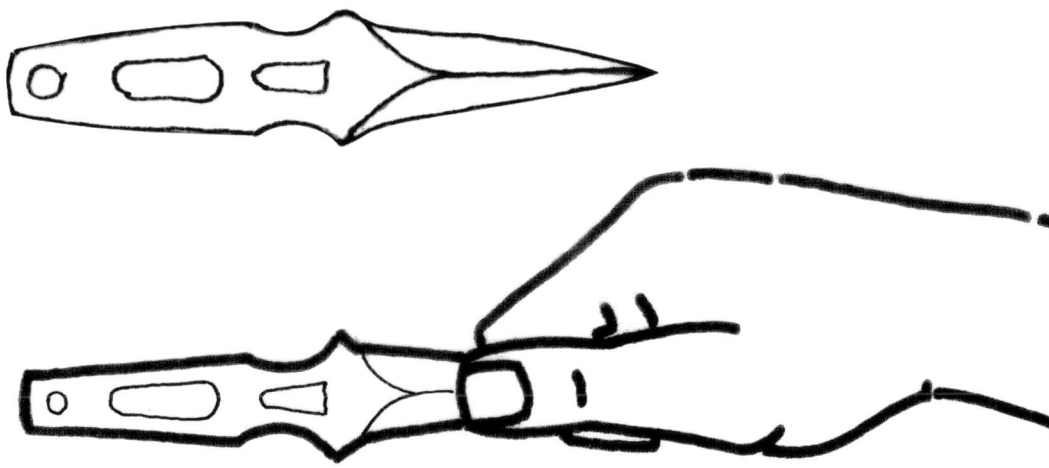

Kein gutes Wurfmesser: Der abgebildete Dolch ist im Original zu kurz und zu leicht.

Teil A: Messerwerfen

Außerdem weißt du ja von den vorherigen Seiten dieses Kapitels, dass ein Messer von geringer Länge im Flug über eine gegebene Distanz zwangsläufig viele Rotationen macht, die zudem noch relativ schnell sind. Zusammen mit dem geringen Gewicht ergibt sich schon bei einer Distanz von fünf Metern ein unruhiges Moment, das als „Flattern" bezeichnet wird. Erst recht, wenn man es so greift, wie in der Zeichnung abgebildet, weil das die Umdrehungen zusätzlich beschleunigt. Saubere Treffer sind dann schon eher Zufall.

Du willst doch sicher auch das Gefühl haben, dass aus deiner Hand etwas wirklich „Gewichtiges" in Richtung Ziel fliegt – was ja bei deinem selbstgefertigten Wurfstahl durchaus der Fall war. Woher sollte sonst das markige „Tschock!" kommen, mit dem die Klinge ins Holz fährt, und von dem alle Werfer schwärmen?

Länge läuft: Größere und schwerere Wurfmesser sind einfacher zu werfen als kurze, leichte Exemplare.

Teil A: Messerwerfen

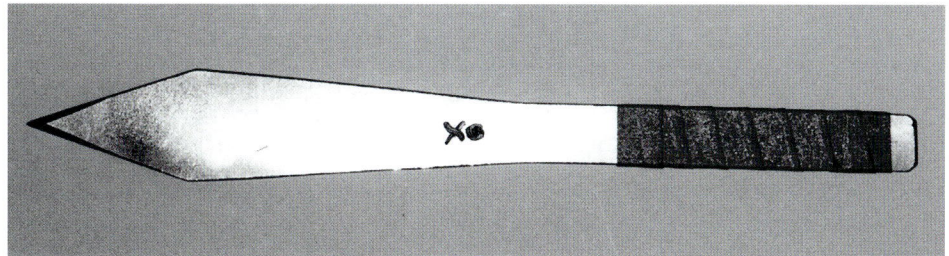

Ein richtiges Ungetüm: Dieses Wurfmesser ist 38 Zentimeter lang, sechs Millimeter stark und wiegt über 500 Gramm. Halbe Länge (Punkt) und Schwerpunkt (X) fallen fast zusammen.

Da Länge und Gewicht direkt voneinander abhängen, empfehle ich dringend ein Wurfmesser von mindestens 25 Zentimetern bei einer Klingenstärke von vier oder fünf Millimetern. Mit weniger solltest du dich auf keinen Fall zufrieden geben. Wenn es dann auch noch ungefähr 250 Gramm wiegt, hast du die richtige Wahl getroffen. Daraus ergibt sich eine weitere Faustformel:

Gewicht in g = Länge in cm x 10

Allerdings entsprechen die meisten kommerziell hergestellten Wurfmesser nur annähernd diesem Verhältnis, wobei 50 Gramm Differenz im Wortsinn noch nicht „ins Gewicht" fallen. Bei leichteren oder richtig schweren Modellen besteht aber oft ein krasses Missverhältnis.

Große Messer verzeihen auf Grund ihrer Trägheit, die sich aus dem hohen Gewicht ergibt, auch eher kleine Fehler des Werfers, erfordern aber natürlich viel Kraft beim Wurf. Grundsätzlich gilt:

Ein langes und schweres Wurfmesser ist leichter zu kontrollieren als ein kurzes und leichtes.

Teil A: Messerwerfen

WURFMESSERMODELLE

Wurfmesser-Klassiker

Solche aufwändig gearbeiteten Wurfmesser, wie sie unten auf dieser Seite abgebildet sind, wurden in den Fünfziger und Sechziger Jahren von namhaften Solinger Herstellern produziert. Teilweise sind die Klingen sogar „getapered", das heißt, die Materialstärke nimmt zur Spitze hin zu. Die Griffe bestehen aus Lederscheiben mit Zwischenlagen aus Vulkanfiber. Das dritte Messer von rechts besitzt allerdings schon einen Kunststoffgriff.

Der 1993 verstorbene US-Amerikaner Harry K. McEvoy aus Grand Rapids, Michigan, gründete 1949 die Tru-Balance Knife Company und fertigte hochwertige Wurfmesser, von denen drei auf der rechten Seite

Schöne Klassiker aus Solingen: Wurfmesser aus den 50er und 60er Jahren.

gezeigt sind. Er war auch Gründer der American Knife Throwers Alliance (AKTA) und veröffentlichte mehrere Bücher und Schriften zum Thema Messer- und Tomahawkwerfen (siehe Literaturverzeichnis).

Wurfmesser von der legendären Tru-Balance Knife Company:
1. „Bowie Axe" (Länge 34 cm, Gewicht 415 Gramm)
2. „Professional" (34 cm, 235 g)
3. „Heavyweight Sport-Pro" (34 cm, 410 g)

Teil A: Messerwerfen

Besondere Wurfmessermodelle

Flying Knife

Dieses ungewöhnliche Wurfmesser wurde von dem Spanier Paco Tovar entwickelt. Es misst 32 Zentimeter, wiegt 215 Gramm und besteht aus einer schmalen, aber kräftigen Klinge (5,0 mm stark) und einem zylindrischen Griff, der im unteren Teil eine Öffnung hat. Während die Wurfhand das Messer etwa so wie einen Speer oder Dart hält, wird der Zeigefinger in diese Öffnung gesteckt. Beim Wurf soll der Zeigefinger dem Messer einen Impuls geben, der es stabil und ohne Überschlag um die Längsachse rotieren lässt. So fliegt es immer mit der Spitze voraus und soll Würfe über längere Distanzen erleichtern. Allerdings ist diese Technik auch für geübte Werfer nicht gerade leicht zu beherrschen.

Ganz anders: Das Flying Knife wird wie ein Speer gehalten, mit dem Zeigefinger in der Öffnung.

Starlight

Diese besondere Entwicklung (28 cm lang, 318 Gramm schwer) des US-Amerikaners John Bailey kann mit optischen oder akustischen Effekten ausgestattet werden. Eine Aussparung in der Klingenmitte nimmt eine kleine Leuchtröhre auf, so dass sich bei Dunkelheit die Flugbahn des Messers verfolgen lässt. Die Leuchtröhre kann gegen einen Schlagbolzen ausgetauscht werden, der beim Aufschlag des Messers im Ziel eine Knallpatrone zündet.

Ungarisches Einsatzmesser

Bei diesem robusten Kampf- und Gebrauchsmesser handelt es sich um eine militärische Entwicklung aus Ungarn. Es hat eine einseitig scharf geschliffene Klinge und einen ergonomisch geformten Kautschukgriff. Zum Messer gehört eine aufwändig gearbeitete Scheide aus Leder mit einem innen liegenden Schneidenschutz aus Stahlblech. Die Scheide ist über eine Steckverbindung mit ihrer Anhängevorrichtung verbunden und kann von dieser durch Fingerdruck auf eine federnd gelagerte Sperre schnell gelöst werden. Beim Ausholen zum Wurf befindet sich das Messer in der Scheide, es wird also von der Hand des Werfers nicht berührt und dann durch die Wurfbewegung aus der Scheide heraus auf das Ziel zugeschleudert. Vor dem Wurf muss es allerdings in der Scheide gelockert werden. Der auftretende Reibungswiderstand des Messers beim Herausrutschen aus der Scheide ist unterschiedlich stark und macht die Würfe unsicher.

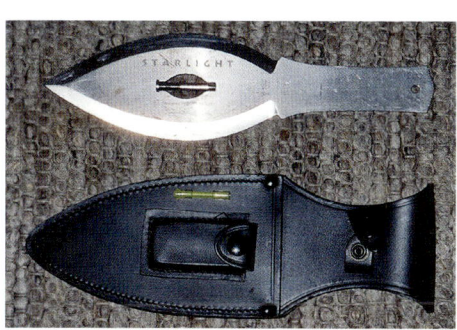

Mit eingebauten Extras: Starlight-Wurfmesser mit Leuchtröhre oder Knallpatrone in der Klinge.

Ungewöhnliche Idee: Das ungarische Einsatzmesser wird aus der Scheide geworfen, was aber nicht sonderlich gut funktioniert.

MESSERWERFEN IM MILITÄR-STIL

Die Voraussetzungen

Weltweit sind Angehörige von Streit- und Sicherheitskräften – vor allem Spezialeinheiten – mit sogenannten Kampf- oder Einsatzmessern („tactical knives") ausgerüstet. Deren Formen und Ausführungen unterscheiden sich stark voneinander und entsprechen dem jeweiligen Einsatzspektrum. Dabei steht der legendäre Ruf einiger bekannter Modelle häufig in keinem Verhältnis zur Feldverwendungsfähigkeit. Sie haben aber für ihre Träger durchaus Bedeutung als Statussymbole.

Ein taugliches Kampfmesser sollte vor allem als Gebrauchsmesser ausgelegt sein, denn als Waffe kommt es nur in sehr seltenen Ausnahmefällen zum Einsatz. Hier soll auch keineswegs das Messerwerfen als mögliche Einsatzart im taktischen Bereich diskutiert werden.

Feststehende Messer im taktischen Stil: Bowie-Messer in Schwarz, Ka-Bar USMC, ein modifiziertes Glock-Feldmesser und ein Kampfmesser KM 2000 des Solinger Herstellers Eickhorn.

Fest steht aber, dass sich viele Kampfmesser durchaus als Wurfmesser eignen. Wenn allerdings – wie bei mehreren Modellen – der Knauf sehr stark ausgeprägt und stark profiliert ist, kann das Messer die Hand des Werfers nicht sauber verlassen. Deshalb lässt es sich mit Grifffassung kaum erfolgreich werfen. Ein weiteres Problem: Der Schwerpunkt liegt in der Regel im Griff. Deshalb bietet sich die Klingenfassung an.

Allerdings ist die Klinge scharf geschliffen, denn sie soll ja ihren Zweck erfüllen. An ihr könnte sich der Werfer leicht verletzen. Daher gilt als oberstes Gebot: Finger weg von der scharfen Schneide! Aufgrund dieser besonderen Voraussetzungen hat sich der sogenannte „Militär-Wurfstil" („military style throwing") entwickelt.

Ausführung der Würfe

Du stellst dich wie zum Basiswurf auf – vorderer Fuß im Abstand von drei Metern zum Ziel. Du greifst das Messer im Klemmgriff wie auf der nächsten Seite dargestellt.

Der Daumen der Wurfhand liegt flach auf der Klinge. Die Finger umschließen diese so, dass der stumpfe Klingenrücken in der Innenhand liegt. Die scharfe Schneide ragt zwischen den Fingern hervor und wird nicht berührt.

Beim „Maßnehmen" hältst du die Klinge waagerecht, also parallel zum Boden – Daumen nach oben! Und genauso lässt du das Messer beim Wurf aus deiner Hand gleiten. Es wird auf dem Weg zum Ziel etwas mehr als eine halbe Umdrehung machen. Beobachte die Klingenspitze beim Aufschlagen des Messers. Zeigt sie nach oben, musst du die Distanz ein wenig vergrößern.

Auch beim Wurf aus vier Metern bleibt es bei dieser halben Umdrehung. Um aber der größeren Entfernung gerecht zu werden, muss man den Griff an der Klinge geringfügig verändern. Das sieht dann so aus, wie auf Seite 53 oben dargestellt:

Teil A: Messerwerfen

Vorsicht scharf: Das Messer wird so an der Klinge gehalten, dass die scharfe Schneide seitlich zwischen den Fingern liegt und nicht berührt wird.

Deine Hand umfasst die Klinge so, dass die Daumenkuppe die Unterseite der Parierstange berührt. Sonst bleibt alles wie vorher. Lass die Klinge beim Wurf in ihrer vollen Länge durch deine Hand gleiten!

Beim Wurf aus fünf Metern wird es ebenfalls bei einer halben Umdrehung bleiben. Aber wieder musst du den Griff an der Klinge verändern. Und zwar so:

Dein Zeigefinger liegt jetzt auf der Klinge und berührt mit der Spitze die Parierstangenunterseite. Dazu kommt ein kräftiger Druck mit dem Zeigefinger auf die Klingenwurzel im Augenblick des Loslassens. Dabei kann dir die Vorstellung helfen, dass du das Messer gewissermaßen auf das Ziel zuschiebst. Das scheint komplizierter als es ist, klappt aber natürlich nicht auf Anhieb und muss gründlich geübt werden.

Wenn ein Messer mit aller Kraft geworfen wird, kann es im Flug durchaus bis zu 60 km/h erreichen. Mit dieser Geschwindigkeit fährt es dann

Teil A: Messerwerfen

waagerecht ins Holz, wobei die Kräfte, die beim plötzlichen Stopp der Rotation auftreten, die Klinge extrem belasten. Es kommt immer wieder vor, dass Klingen unter dieser Querbelastung abbrechen. Auch der Messergriff kann bei Fehlwürfen nachhaltig beschädigt werden. Deshalb solltest du dich vorher fragen, ob du deinem wertvollen Ka-Bar-Original diesen Stress wirklich antun willst.

Handhaltung für Vier-Meter-Wurf: Der Daumen liegt jetzt ganz vorn am Griff.

Handhaltung für Fünf-Meter-Wurf: Der Zeigefinger liegt oben auf der Klingenseite auf.

GRIFFVARIANTEN

Wurf aus der flachen Hand

Außer den bereits beschriebenen Möglichkeiten kannst du das Messer zum Wurf auch senkrecht zum Boden in der flachen Hand halten. Dabei drückt der Daumen die Klinge gegen die Handinnenfläche. Das sieht dann so aus wie im Foto unten.

Das ist kein besonders stabiler Halt für das Messer. Deshalb wird die Zentrifugalkraft der kreisbogenförmigen Vorwärts-/Abwärtsbewegung des Wurfarms es fast wie von selbst aus deiner Hand ziehen. Leichte Messer (etwa bis 250 Gramm) sind dafür besser geeignet. Die Schwierigkeit bei dieser Technik besteht darin, den Druck des Daumens gegen die Klinge bei jedem Wurf annähernd gleich zu dosieren. Sonst wird sich das Messer immer wieder zu früh – das ergibt einen Hochwurf – oder zu spät (Ergebnis: Tiefwurf) aus deiner Hand verabschieden. Das Handgelenk muss natürlich blockiert sein.

Das Foto zeigt die Handhaltung für einen Wurf mit einer halben Umdrehung. Für Würfe mit vollen Umdrehungen muss der Griff des Messers in der Hand liegen.

Alternativhaltung: Die Klinge wird zwischen der flachen Hand und dem Daumen gehalten.

Unterhandwurf

Diese Griffvariante eignet sich gut für eine weitere Technik – den Unterhandwurf. Du hältst das Messer wie eben beschrieben in der Hand. Die Hand hältst du neben deinem Oberschenkel, und zwar so, dass die flache Seite der Klinge zum Ziel zeigt. Dann holst du nach hinten aus, schwingst den Wurfarm nach vorne und lässt das Messer bei gestrecktem Arm etwa in Hüfthöhe aus der Hand gleiten. Es wird sich aus einer Distanz von etwa drei Metern um 180° gegen die Wurfrichtung überschlagen. Das ist in der Skizze unten dargestellt.

Eigentlich ist diese Technik nicht zu empfehlen, weil das Messer aufgrund der geringen Beschleunigung einfach nicht schnell genug wird. Aber ausprobieren solltest du es auf jeden Fall einmal.

Vielleicht hast du den Western „Die glorreichen Sieben" gesehen. Dann wirst du dich auch an die berühmte Messerwerferszene erinnern: Der Cowboy Rick – dargestellt von James Coburn – erledigt seinen revolverbewaffneten Duellgegner mit einem todsicheren Unterhandwurf über eine geschätzte Distanz von zehn Metern! Er benutzt dabei ein leichtes Klappmesser mit Stilettklinge – sehr spektakulär und eben typisch Hollywood. Es darf durchaus bezweifelt werden, dass diese Technik unter den gegebenen Umständen auch wirklich funktioniert.

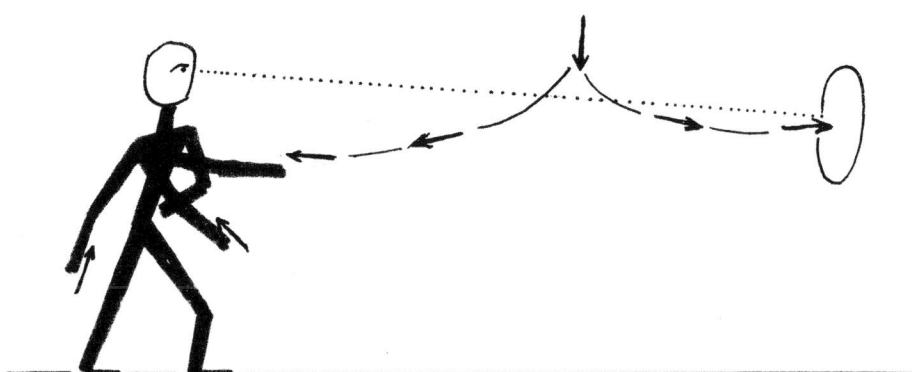

Schematisch dargestellt: Unterhandwurf mit einer halben Umdrehung.

Teil A: Messerwerfen

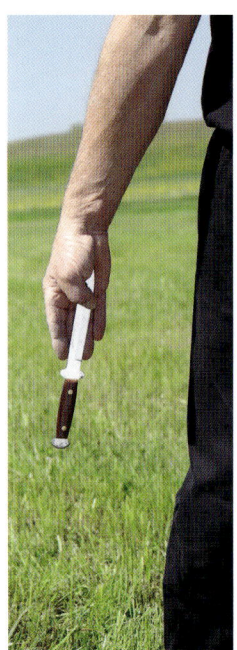

Unterhandwurf aus der flachen Hand: Ausholen mit nach hinten gestrecktem Arm.

Position beim Loslassen: Der Arm bleibt während der ganzen Bewegung durchgestreckt.

Klemmgriff für Klappmesser

Eigentlich ist ein Klappmesser wirklich zu schade zum Werfen. Aber vielleicht hast du noch irgendwo ein altes Stück, bei dem es nicht mehr darauf ankommt, wenn es beschädigt wird. Dann fasse es zum Wurf so wie unten gezeigt.

Im Klemmgriff („pinch grip") hältst du die Messerklingen nahe der Spitze zwischen Daumen und Zeigefinger, so dass die Schneide nach vorn zeigt. Die empfohlene Distanz liegt für eine Umdrehung von etwa 400° bei drei Metern. Achtung: Das Messer dreht sich verhältnismäßig schnell. Das ist nicht so leicht zu kontrollieren. Du wirst ein bisschen herum experimentieren müssen, bis du den Bogen raus hast.

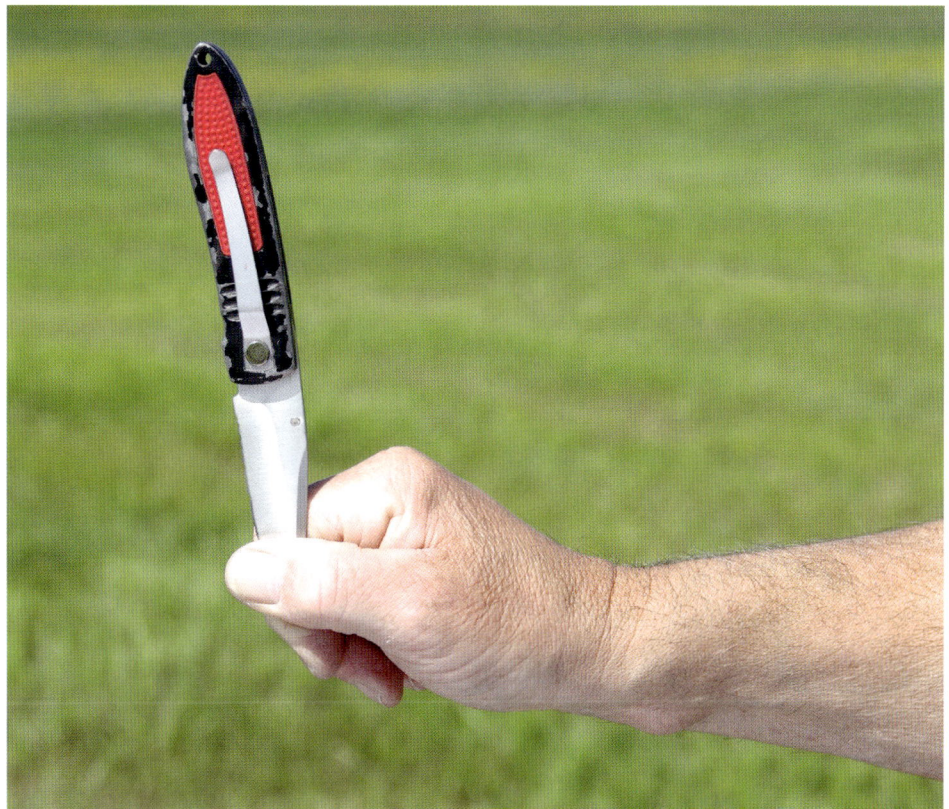

Klemmgriff: Die Klinge wird zwischen Daumen und Zeigefinger gehalten.

Teil A: Messerwerfen

„NO SPIN"-TECHNIK

Seit ein paar Jahren geistert ein Zauberwort durch die Werferszene: „No spin"! Darunter muss man sich eine Wurftechnik vorstellen, bei der das Messer nahezu ohne Rotation geworfen wird – und das auf jede Entfernung. Das deutsche Wort „Pfeilwurf" beschreibt diese Technik wohl am besten, weil das Messer wirklich ohne sich zu überschlagen während des gesamten Fluges mit der Spitze voran auf das Ziel zufliegt – so wie ein Pfeil.

Die linke Abbildung zeigt, wie du das Messer zum Wurf fassen musst: Der Zeigefinger liegt dabei ausgestreckt unterhalb des Parierelements auf dem Griffrücken.

Rechts ist der Bewegungsablauf beim Loslassen dargestellt: Wurfhand und Wurfarm machen bei lockerem Handgelenk eine Peitschenbewegung. Gelegentlich wird auch von einer „Wellenbewegung" gesprochen. Während deine Hand sich vorwärts-abwärts bewegt und sich öffnet, gleitet dein Zeigefinger auf dem Griffrücken entlang. Dadurch bekommt das Messer einen rückwärts gerichteten Impuls, der die Rotation fast ganz

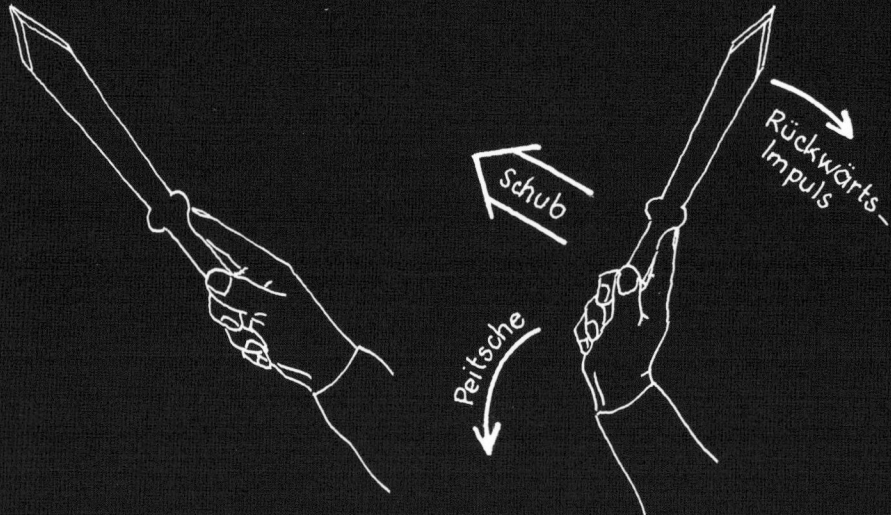

No-Spin-Technik in der Theorie: Die Hand schiebt das Messer nach vorn, gleichzeitig bekommt es einen Impuls gegen die Drehrichtung.

Teil A: Messerwerfen

aufhebt. Gleichzeitig gibt deine Wurfhand dem Messer einen kräftigen Schub mit. Ein komplexer Bewegungsablauf, der nicht leicht zu beherrschen ist!

Der Wurf erfolgt oft – vor allem bei Entfernungen über fünf Meter – aus der Bewegung heraus mit einem langen Ausfallschritt. Er kann dabei sowohl über Kopf als auch seitlich oder als Unterhandwurf ausgeführt werden. Ralph Thorn hat diese Technik in seinem Buch (siehe Literaturverzeichnis) umfassend dargestellt.

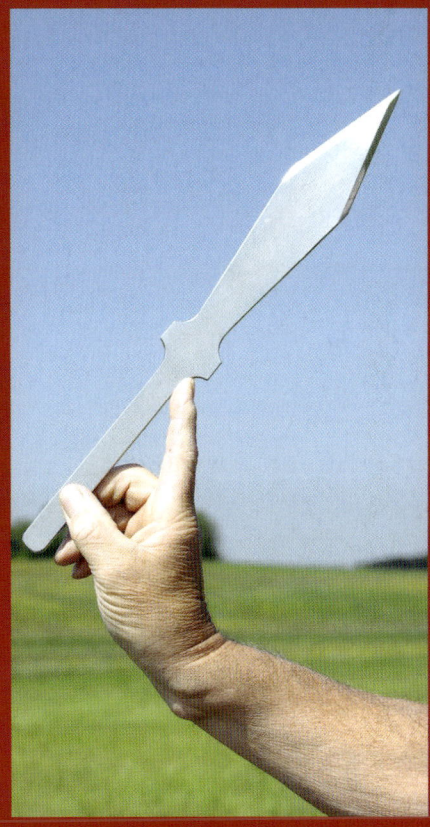

Ausholbewegung: Der Griff wird zwischen Daumen und Mittelfinger eingeklemmt, der Zeigefinger liegt auf dem Griffrücken.

Im Moment des Loslassens: Der Zeigefinger gibt dem Messer einen Impuls gegen die Rotationsrichtung.

Teil A: Messerwerfen

TRAGEWEISEN

Selbstverständlich bleibt es dir überlassen, wie und wo du deine Wurfmesser tragen willst. Hier stelle ich einige Möglichkeiten vor.

Als Neckknife an einem Lederriemen um den Hals gehängt. Das Messer wird durch den Reibungswiderstand in der Scheide gehalten.

Messer senkrecht in einer Oberschenkeltasche getragen.

Teil A: Messerwerfen

Am Gürtel quer auf dem Rücken.

In einer Doppelscheide am Unterschenkel.

Ganz einfach und konventionell am Gürtel.

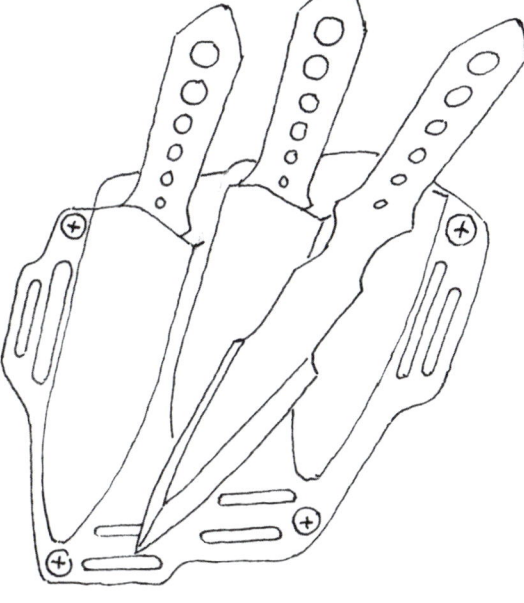

Als Satz aus drei Wurfmessern im Schulterhalfter (Shoulder Harness Triple Set von United Cutlery).

Teil A: Messerwerfen

TRICKWÜRFE

Nachdem du die Grundwürfe beherrscht, kannst du dich an einigen Trickwürfen aus verschiedenen Positionen oder aus der Bewegung versuchen:

- aus dem Laufen
- sitzend
- liegend
- rückwärts

Stark erhöhter Schwierigkeitsgrad: Wurf aufs Ziel aus dem Lauf heraus.

Teil A: Messerwerfen

Technik wie beim normalen Wurf aus dem Stand: Sitzendes Werfen.

Teil A: Messerwerfen

Anstrengender als es aussieht:
Wurf aus dem Liegen.

Teil A: Messerwerfen

Schwieriges Zielen: Wurf rückwärts von unten.

Teil A: Messerwerfen

MESSERWERFEN ALS NAHKAMPF- UND SELBSTVERTEIDIGUNGSTECHNIK?

Gelegentlich wird die Frage nach der Tauglichkeit des Messerwerfens als Nahkampf- und Selbstverteidigungstechnik gestellt. Colonel Rex Applegate, der legendäre Nahkampfexperte der U.S. Army, schreibt dazu in seinem Buch „Kill or Get Killed" (1961):

„Messerwerfen muss als Nahkampftechnik in der Praxis in Frage gestellt werden. Nur wenige Personen können ein Messer ziehen, es nach einem sich bewegenden Ziel über eine unbekannte Entfernung werfen und einen wirkungsvollen Treffer erzielen. Das Messerwerfen ist wohl hauptsächlich eine Kunst für die Zirkusarena und die Bühne, denn um ein Messer zielsicher zu werfen, muss die genaue Entfernung vom Werfer zum Ziel bekannt sein. Da sich das Messer während des Fluges überschlägt, muss der Werfer die genaue Entfernung kennen. Er muss in der Lage sein, die Anzahl der Umdrehungen zu kontrollieren, die das Messer macht, so dass es mit der Spitze voran das Ziel trifft.

Es gibt allerdings Techniken des Messerwerfens auf kurze Entfernungen, bei denen sich das Messer während des Fluges nicht überschlägt. Wenn man aber die Bewegung des Ziels, unterschiedliche Entfernungen, dicke Bekleidung und die Tatsache in Rechnung stellt, dass man bei einem Fehlwurf ohne Waffe dasteht, dann muss man dem Messerwerfen als Nahkampftechnik den praktischen Wert absprechen. (Übersetzung aus dem US-Amerikanischen durch den Verfasser.)

Michael D. Echanis, ein renommierter US-Nahkampfausbilder, drückt sich in seinem Buch „Knife Fighting, Knife Throwing for Combat" (Black Belt Books, 1978, S. 151 f.) genauer aus. Er legt den Begriff „kurze Entfernungen" auf drei bis zwölf Fuß fest – also etwa einen bis dreieinhalb Meter – und beschreibt entsprechende (Messer-) Wurftechniken in Verbindung mit der koreanischen Kampfkunst Hwarangdo.

Auch Blackie Collins und Ralph Thorn, zwei weitere US-amerikanische Autoren, äußern sich in ihren Veröffentlichungen zu diesem Thema (siehe Literaturverzeichnis). Während Collins wohldurchdachte Überlegungen zum psychologischen Aspekt des Messerwerfens als Selbstverteidigungstechnik anstellt, beschreibt Thorn eine von ihm entwickelte Nahkampftechnik, die allerdings ganz auf entsprechend vorbereitete Messer abgestellt ist.

Unterschiedliche Ansätze und Ansichten also. Unbestritten bleibt jedoch, dass sich das Messerwerfen hervorragend eignet, um das Bewegungsgefühl, die Hand-Augen-Koordination und die Konzentrationsfähigkeit zu trainieren.

VORLAGE ZUR HERSTELLUNG EINES WURFMESSERS

Wenn du selber ein Wurfmesser herstellen willst, kannst du diesen Entwurf des Verfassers als Vorlage benutzen (einfach im Fotokopierer auf die gewünschte Größe vergrößern). Die äußere Form geht auf das Escrima Fighting Knife (EFK) der Solinger Firma Böker zurück.

Am besten verwendest du ungehärtetes Stahlblech (z.B. V 4301) mit einer Materialstärke von 5 mm. Dann hat das fertige Wurfmesser bei einer Länge von 30 cm ziemlich genau das Idealgewicht von 300 Gramm.

Der Schwerpunkt befindet sich mittig und sorgt für gleichmäßige Rotationen, egal ob du das Wurfmesser von der Klinge oder vom Griff wirfst.

TEIL B: AXTWERFEN

„Hund von einem Bleichgesicht!", schrie er, „Geh und belle unter den Kötern deiner schlimmen Jagdreviere!"

Der Verwünschung auf dem Fuß folgte die Tat. Kaum hatte er gesprochen, als er den Arm erhob und den Tomahawk gegen Wildtöter schleuderte. Unfehlbar würde die furchtbare Waffe den Schädel des Gefangenen gespalten haben, wenn dieser nicht einen Arm vorgestreckt und die Waffe mit bewundernswerter Geschicklichkeit am Griff gepackt hätte. Die Wurfkraft war so groß, dass Wildtöters Arm hinter seinen Kopf gerissen wurde, gerade in die Stellung, die zur Erwiderung des Angriffs erforderlich war. Von der Erbitterung über diesen tückischen Angriff ließ der Gefangene sich hinreißen. Sein Auge funkelte, und mit dem Aufgebot seiner ganzen Kraft schleuderte er die Waffe auf seinen Angreifer zurück. Das Unerwartete dieses Wurfs kam dem Erfolg zu Hilfe, da Panther keine Zeit zum Ausweichen fand. Das kleine scharfe Beil traf ihn gerade zwischen den Augen und zerschmetterte ihm das Hirn. Wie eine tödlich verwundete Schlange noch auf ihren Feind losschießt, stürzte der gewaltige Indianer vorwärts und fiel der Länge nach auf den offenen Platz, im Todeskampf zuckend. Alles sprang zu seiner Hilfe herbei, und der Gefangene, für einen Augenblick unbeachtet, rannte mit der Schnelligkeit eines Hirsches davon. Im nächsten Augenblick war die ganze Horde, alt und jung, Weiber und Kinder, den Leichnam des Panthers liegen lassend, hinter ihm her.

Auszug aus:

James Fenimore Cooper: Lederstrumpfgeschichten, Stuttgart 1959, S. 95

Vielleicht erscheint diese Geschichte ja ein wenig blutrünstig. Aber solche und ähnliche Erzählungen über die Indianer Nordamerikas von J. F. Cooper, Karl May oder Fritz Steuben haben die Phantasie von Generationen beflügelt. In Filmen wie „Der letzte Mohikaner" oder „Der Patriot" wurden sie ins Bild gesetzt.

Man denke auch an die mittelalterlichen Krieger im nördlichen Europa. Nicht nur die Wikinger, sondern auch Sachsen und Franken führten die Streitaxt an Stelle des Schwerts – oft auch als Wurfaxt.

Aus der martialischen Waffe von einst, umrankt von Mythen und Sagen, ist inzwischen ein modernes Sportgerät geworden. Der archaische Reiz, damit nach einem Ziel zu werfen, ist geblieben.

Gelegentlich kann man hören, das Axtwerfen sei weniger anspruchsvoll als das Messerwerfen. Das ist nur teilweise richtig: Auch als Anfänger wird es dir verhältnismäßig schnell gelingen, eine Wurfaxt mit nur einer Umdrehung ins Holz zu pflanzen. Sobald aber Präzision oder Würfe mit mehr als einer Umdrehung aus größerer Distanz gefordert sind, wird ganz schnell klar, dass die Wurfaxt manchen Werfer an seine Grenzen bringt.

Deshalb finden sich wohl auch bei den einschlägigen Wettbewerben in den Startlisten für das Axtwerfen deutlich weniger Teilnehmer als beim Messerwerfen. Aber vielleicht wird ja schon bald dein Name in einer solchen Axtwerfer-Startliste erscheinen?

BEGRIFFSBESTIMMUNG: WURFAXT MIT SCHUTZHÜLLE

Die wichtigsten Begriffe rund um die Wurfaxt.

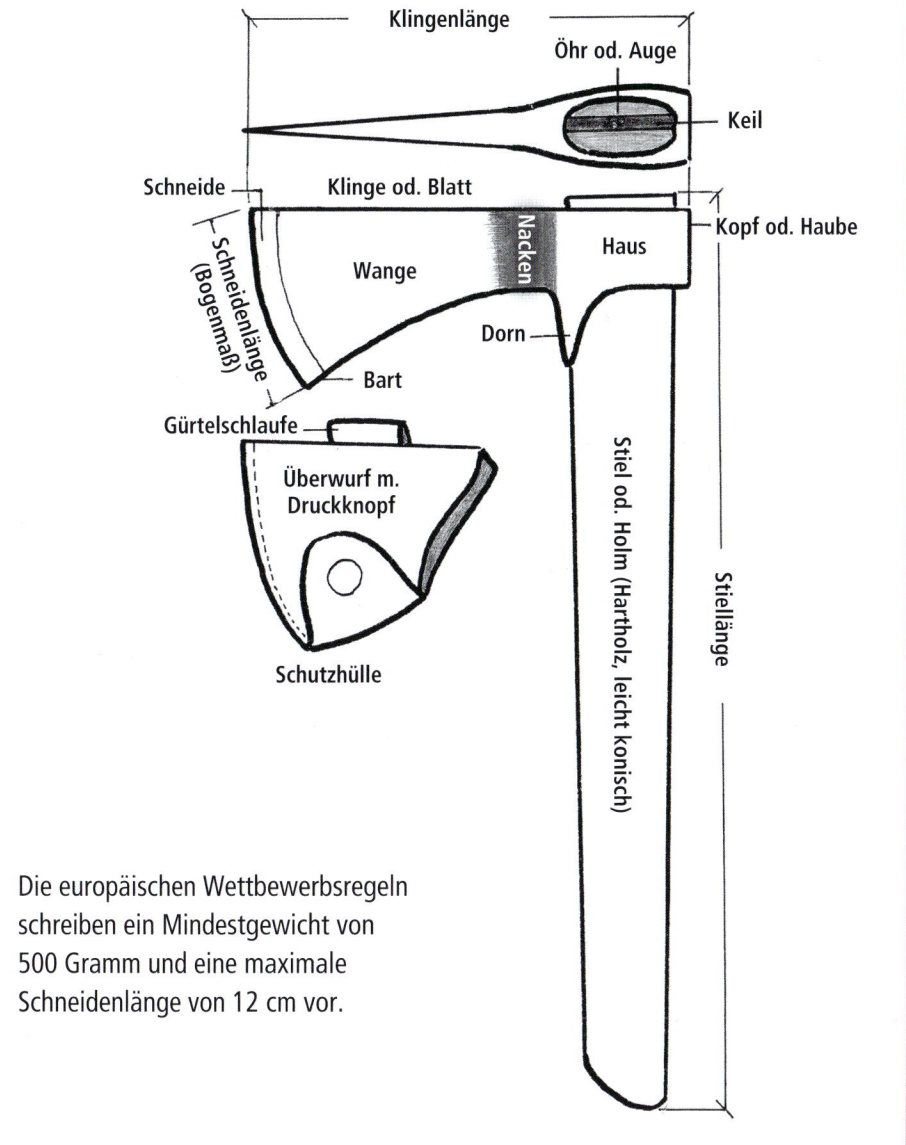

Die europäischen Wettbewerbsregeln schreiben ein Mindestgewicht von 500 Gramm und eine maximale Schneidenlänge von 12 cm vor.

DEFINITIONEN

Der Begriff „Wurfaxt" ist inzwischen für das entsprechende Sportgerät allgemein gebräuchlich. Dabei spielt es keine Rolle, ob es auch tatsächlich die typischen Merkmale einer Axt hat oder eher einem Beil oder Tomahawk ähnelt. Trotz der vielfältigen Formen sind die charakteristischen Unterscheidungsmerkmale aber unverwechselbar.

Axt

Die Axt wurde bereits von den Urmenschen als Waffe und Werkzeug gebraucht. Sie unterscheidet sich vom Beil durch die schmälere Schneide, den längeren Stiel (rund 75 cm) und das größere Gewicht (ungefähr 1500 bis 2000 Gramm). Im hinteren Teil des aus Stahl geschmiedeten Axtkörpers, dem Haus, steckt der Stiel aus Eschen-, Weißbuchen- oder Ahornholz. Er kann gerade oder geschwungen sein. Die Axt wird in der Regel beidhändig geführt. Die unterschiedlichen Formen entwickelten sich aufgrund der jeweiligen Zweckbestimmung.

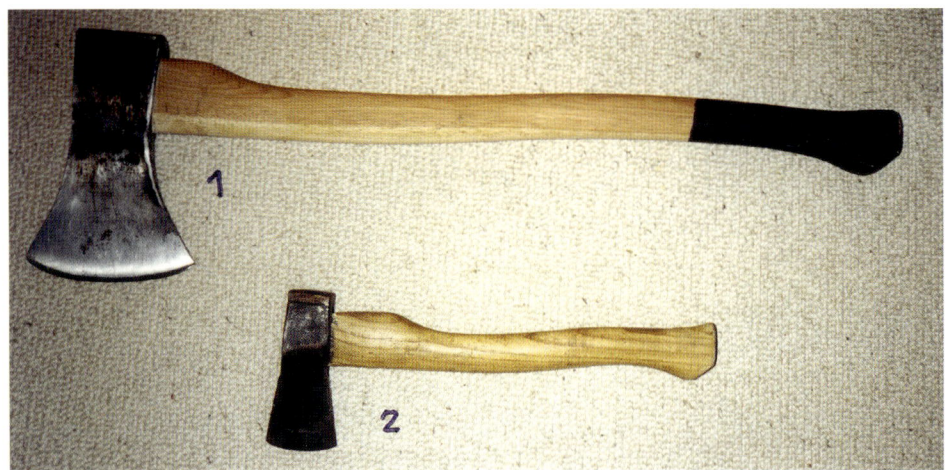

Axt und Beil im Vergleich: Oben eine moderne Fällaxt, unten ein Fahrtenbeil.

Beil

Das Beil ist seit der Steinzeit nachgewiesen. Zunächst war es wohl nicht mehr als ein an einem Knüppel befestigter, scharfkantiger Stein – Waffe und Werkzeug gleichzeitig. Im Gegensatz zur Axt hat das moderne Beil ein deutlich geringeres Gewicht (etwa 800 g) und einen kürzeren Stiel (rund 40 cm). Vorwiegend als Handwerkszeug eingesetzt, wird es in der Regel einhändig geführt. Die gewöhnlichste Form ist das Handbeil. Die unterschiedliche Ausformung ergab sich aus den Erfordernissen des jeweiligen Handwerks, zum Beispiel dem Behauen von Holzstämmen.

Tomahawk

Der Tomahawk (englische Kurzform „hawk"), das Kriegsbeil der nordamerikanischen Indianer, ist die bekannteste Wurfaxt. Das Wort „tamahaken" aus der Algonkinsprache bedeutet ungefähr „Schneidwerkzeug". Auch eine Ableitung von „otomahuk" („niederschlagen") scheint möglich.

Nachbildung eines Pfeifen-Tomahawks der Plains-Stämme mit durchbrochener Klinge („tränendes Herz") und verziertem Stiel.

Wahrscheinlich haben die Indianer an der Ostküste Nordamerikas Streitäxte bereits durch Kontakte mit den Wikingern auf deren Entdeckungsreisen kennengelernt, während sie selber noch keulenähnliche Schlagwaffen führten. Erst im 17. Jahrhundert wurde der Tomahawk als kleine Axt aus Stahl (engl. „belt axe", „hatchet") von den Europäern eingeführt. Als Tauschobjekt und Handelsware war er bald weit verbreitet. Er gilt seither als typisch indianische Waffe, wurde aber auch vom weißen Mann als Waffe und Werkzeug getragen. Unterschiedliche Formen haben sich gebildet, wie der Pfeifen-Tomahawk, der auch als rituelle Friedenspfeife dienen konnte.

Sogar den allgemeinen Sprachgebrauch hat der Tomahawk beeinflusst. Sprechen wir doch indianischer Sitte gemäß bei der Eröffnung von Feindseligkeiten von „das Kriegsbeil ausgraben". Den Friedensschluss dagegen beschreibt die Redensart „das Kriegsbeil begraben".

Es ist belegt, dass die Indianer den Tomahawk nicht nur als handliches Werkzeug, als Hiebwaffe und bei Zeremonien nutzten, sondern auch sehr geschickt und treffsicher als Wurfwaffe einsetzten. Tatsächlich sind die meisten modernen Sport-Wurfäxte den indianischen Tomahawks sehr ähnlich.

Bekannte Form: Typische Tomahawks mit spitzem Schlagdorn gegenüber der Schneide.

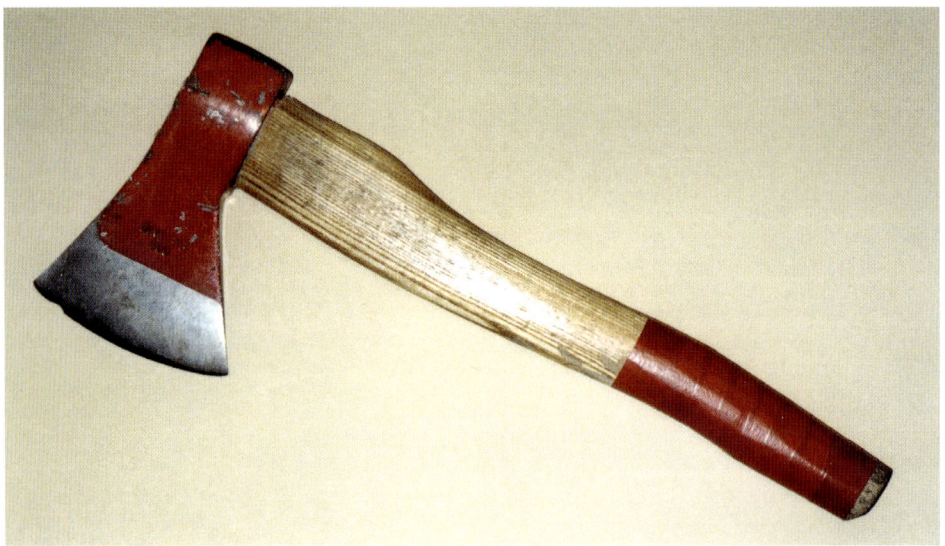

Umgebautes Baumarkt-Beil: Der Stiel wurde begradigt und mit Klebeband umwickelt.

FÜR DEN ANFANG...

...brauchst du noch keine richtige Wurfaxt. Zunächst tut es auch ein preiswertes Handbeil aus dem Baumarkt. Den geschwungenen Stiel musst du allerdings unbedingt im unteren Teil verändern, indem du den Knauf begradigst. Dazu entfernst du das überflüssige Holz zunächst mit einem scharfen Messer. Dann wird mit einer Raspel nachgearbeitet und schließlich mit Schleifpapier geglättet.

Deine Eigenbau-Wurfaxt soll einen einigermaßen geraden Stiel haben, damit dieser beim Wurf sauber aus deiner Hand gleitet, ohne dass dein kleiner Finger irgendwo hängen bleibt. So ein unerwünschter Effekt könnte den Wurf verkorksen.

VOM HANDBEIL ZUR WURFAXT

Mit etwas handwerklichem Geschick und dem geeigneten Werkzeug kannst du ohne großen Aufwand aus diesem Handbeil aus dem Baumarkt eine Wurfaxt machen, die fast schon wie ein Tomahawk aussieht.

Als erstes entfernst du den Stiel. Dann schneidest du mit einer Flex mit dünner Trennscheibe die in der Abbildung schraffierten Teile ab. Das kannst du auch in einer Schlosserei oder einem Metallbaubetrieb machen lassen. Damit wird nicht nur der optische Eindruck verbessert, sondern auch das Gewicht der Klinge reduziert, so dass sie etwa die empfohlenen 500 Gramm hat.

Jetzt bekommt die modifizierte Klinge noch einen neuen Stiel verpasst (siehe Seite 86) – und fertig!

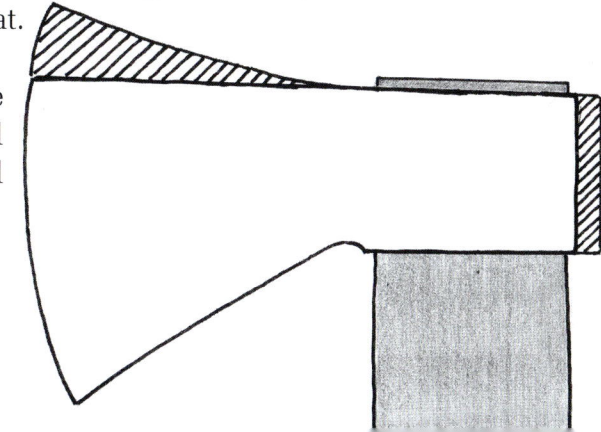

ANSCHLIFF DER SCHNEIDE

Die Schneide einer Wurfaxt kann in drei unterschiedlichen Formen zugeschliffen sein. Aber nur eine ist wirklich optimal.

Balliger Schliff

Bei diesem Anschliff haben die Seiten der Schneide einen nach außen gewölbten (konvexen) Radius. Diese Schneide ist zwar sehr stabil, aber für eine Wurfaxt weniger geeignet, weil sie beim Auftreffen auf Holz nicht besonders tief eindringt. Wenn das Holz hart ist, kann es sogar passieren, dass ein einwandfreier Wurf nicht stecken bleibt und zurückprallt. Im Wettbewerb bedeutet das einen ärgerlichen Punktverlust.

Hohlschliff

Hier sind die Schneidenseiten nach innen gewölbt (konkav). Auch dieser Anschliff ist nicht empfehlenswert. Die ausgedünnte Schneide wird zwar auf jeden Fall auch in hartes Holz tief eindringen, ist aber so empfindlich, dass Scharten und Ausbrüche kaum zu vermeiden sind.

Keilförmiger Schliff

Die Schneidenseiten bilden einen spitzen Winkel. Das ist die optimale Schneidenform für eine Wurfaxt. Sie garantiert ausreichende Stabilität, wird immer tief genug ins Holz eindringen und zuverlässig im Ziel stecken bleiben.

ES IST GANZ EINFACH!

Hier eine Anleitung für das Tomahawk-Werfen aus dem US-Amerikanischen, die das Ganze unkompliziert erklärt:

Schritt 1: Du brauchst einen guten Hawk zum Werfen.

Schritt 2: Besorg' dir was, wonach du wirfst. Eine etwa einen Fuß dicke Scheibe von einem Stammende ist gut.

Schritt 3: Stell' dich mit dem Rücken an die Scheibe und geh' etwa sechs Schritte vor, dreh' dich um und schau' die Scheibe an.

Schritt 4: Halte den Tomahawk am Ende des Stiels und wirf, als würdest du Fangen spielen (wie beim Baseball).

Wenn du dann nicht triffst, geh' ein wenig näher ran oder weiter weg.

P.S. Wenn du den Stiel nahe am Ende hältst und in die Richtung zeigst, in die du werfen willst, wird er sein Ziel schon finden.

(Übersetzung durch den Verfasser.)

Teil B: Axtwerfen

HALTUNG DER AXT

Du fasst den Stiel deiner Wurfaxt am unteren Ende – etwa so, als würdest du einen Hammer halten (linkes Bild). Aber nicht zu fest zugreifen, denn der Stiel soll ja beim Wurf aus deiner Hand herausgleiten!

Wenn du stattdessen deinen Daumen auf den Stiel legst (rechtes Bild), wirst du feststellen, dass es dir leichter fällt, die Wurfaxt sauber in der Wurfrichtung zu führen. Außerdem wird bei dieser Haltung die Rotation deutlich verlangsamt. In Bezug auf die Distanz zum Ziel macht das etwa einen Meter aus.

Wenn du also zum Beispiel deine Wurfaxt mit dem normalen Hammergriff bei zwei Umdrehungen aus sieben Metern ins Ziel bringst, sollte dir das mit aufgelegtem Daumen aus acht Metern gelingen. Auch hier gilt wieder: Ausprobieren!

Standardhaltung: Die Axt wird wie ein Hammer in die Hand genommen.

Alternative: Bei aufgelegtem Daumen verlangsamt sich die Rotation.

Teil B: Axtwerfen

BEWEGUNGSABLAUF

Diese Bilder verdeutlichen, dass sich die einzelnen Phasen des Bewegungsablaufs beim Axtwerfen grundsätzlich nicht von denen beim Messerwerfen unterscheiden.

Der Bewegungsablauf in den einzelnen Phasen von links nach rechts:
Maßnehmen, Ausholen, Wurf, Nachhalten.

„Maßnehmen":
Der Wurfarm ist gestreckt.

Teil B: Axtwerfen

Ausholen: Das Körpergewicht liegt zum größten Teil auf dem linken Fuß.

Wurf: Der Oberkörper ist vorgebeugt, der Arm gestreckt.

Teil B: Axtwerfen

Nachhalten: Die Abwärtsbewegung wird fortgesetzt...

...bis die Wurfhand auf dem linken Knie liegt.

Teil B: Axtwerfen

EIN WENIG PHYSIK*

Die Flugbahn der Wurfaxt wird bestimmt durch:

- die Anfangsgeschwindigkeit A (sie ergibt sich aus der eingesetzten Kraft)
- den Abwurfwinkel α (Alpha)
- die Rotation R
- die Erdanziehung E und
- den Luftwiderstand L

Aus dem Zusammenspiel dieser Kräfte ergibt sich die Wurfparabel P mit dem aufsteigenden Ast P1 und dem absteigenden Ast P2, also eine parabelförmige Kurve, die von der Hand des Werfers H ausgeht und im Ziel Z endet.

Mit zunehmender Wurfdistanz musst du den Abwurfwinkel und/oder die eingesetzte Kraft vergrößern.

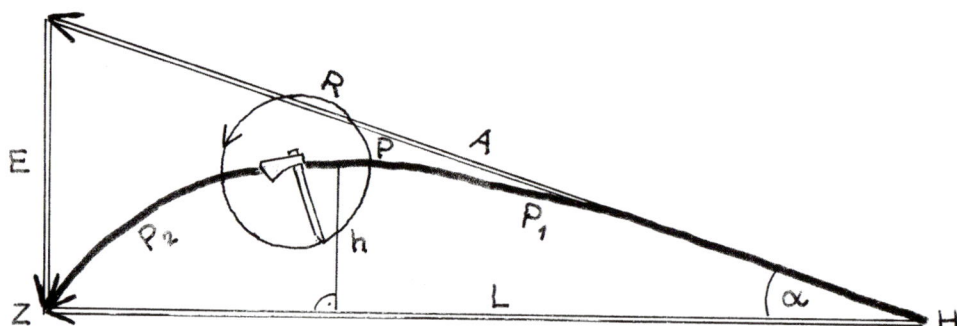

Kräftediagramm: Die Erdanziehung E zieht die Axt nach unten. Wie weit sie fliegt, hängt vom Abwurfwinkel α und der Geschwindigkeit A ab.

---

*Auf die Verwendung der üblichen Zeichen für die physikalischen Größen wurde hier bewusst verzichtet.

HALBE UMDREHUNG

Wenn du einen Wurf mit einer halben Umdrehung ausführen willst, musst du die Wurfaxt so in die Hand nehmen, dass die Schneide nach rückwärts zeigt. Sie wird dann wie auf diesem Bild mit dem Stiel nach oben im Ziel stecken. Das gilt natürlich auch für Würfe mit anderthalb, zweieinhalb oder dreieinhalb Umdrehungen.

So geht's auch: Der Axtstiel weist nach einem Wurf mit einer halben Umdrehung nach oben.

Teil B: Axtwerfen

SCHWERPUNKT UND ROTATION

Bei den meisten Wurfäxten liegt der Schwerpunkt etwa drei bis sieben Zentimeter unterhalb des Kopfes. Seine genaue Lage hängt vom Gewicht des Axtkopfes sowie von der Beschaffenheit und Länge des Stiels ab.

Schwerpunkt-Prüfung: Das Rotationszentrum liegt meist kurz hinter dem Kopf der Axt.

Wurf mit einer Umdrehung aus vier Metern

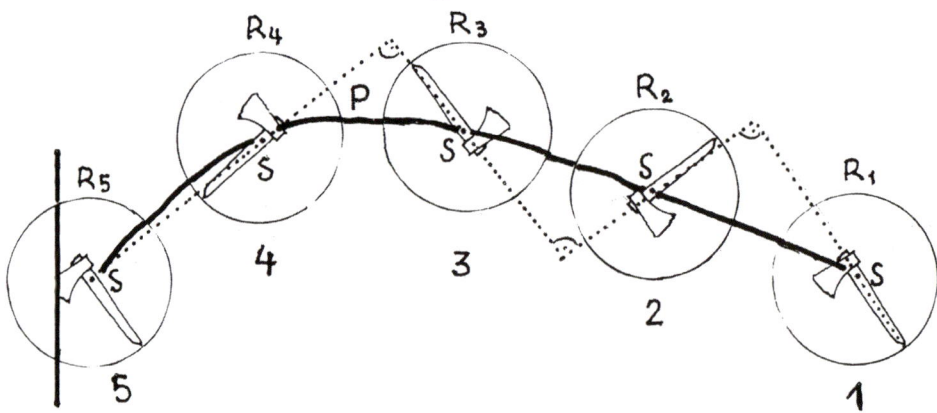

1: Wurfaxt verlässt die Hand
2: Erstes Viertel der Rotation (90°)
3: Halbe Rotation (180°)
4: Drittes Viertel der Rotation (270°)
5: Vollendete Rotation/Wurfaxt trifft das Ziel (360°)
S= Schwerpunkt
R1–R5= Rotationsradien
P= Wurfparabel

STIELLÄNGE

Im Foto unten links kann man erkennen, dass sich die Stiellänge der Wurfaxt offensichtlich auf das Trefferbild auswirkt. Alle drei Würfe erfolgten aus vier Meter mit einer Umdrehung. Auf die exakte Ausführung – besonders beim Loslassen – wurde besonderer Wert gelegt.

Die Trapperaxt in der Mitte (700 g/41 cm) steckt so in der Scheibe, dass der Stiel fast senkrecht steht. Sie hat also eine Rotation von ziemlich genau 360° gemacht. Das kleinere Fahrtenbeil vorne im Bild (575 g/33 cm) hat dagegen eine Rotation von etwa 400° hinter sich, während das kleine Handbeil mit dem roten Blatt im Hintergrund (450 g/30 cm) um rund 450° rotierte.

Die Erklärung liegt auf der Hand: Eine leichte Axt mit kurzem Stiel rotiert schneller als eine schwere Axt mit langem Stiel. Außerdem macht eine leichte Axt mit kurzem Stiel über eine gegebene Distanz mehr Umdrehungen als eine schwere Axt mit langem Stiel. Das kann man nutzen: Wenn du den Stiel deiner Wurfaxt etwa bei der Hälfte seiner Länge fasst, beschleunigst du damit die Rotation.

Gleicher Abstand, unterschiedlicher Winkel: Die Stiellänge beeinflusst die Rotation.

Kleiner Trick: Wenn man den Stiel „kürzer" fasst, rotiert die Axt schneller.

EINSTIELEN

Der Stiel einer Wurfaxt hat allerhand auszuhalten, besonders wenn er bei einem Fehlwurf gegen die Scheibe prallt. Dann gibt es häufig Bruch, so dass das gebrochene Stück ersetzt werden muss. Passende Ersatzstiele werden aber im Handel nicht gerade häufig angeboten. Bestenfalls findest du im Baumarkt einen Hammerstiel, der wahrscheinlich auch noch bearbeitet werden muss.

Man kann den Stiel auch selber anfertigen: Beschaffe dir eine Leiste aus gut abgelagertem Hartholz (zum Beispiel Esche oder Ahorn), etwa 40 Zentimeter lang und mit einem rechteckigen Querschnitt von etwa 3,5 x 2,0 cm. Das Maß hängt natürlich von der Größe des Auges deiner Wurfaxt ab.

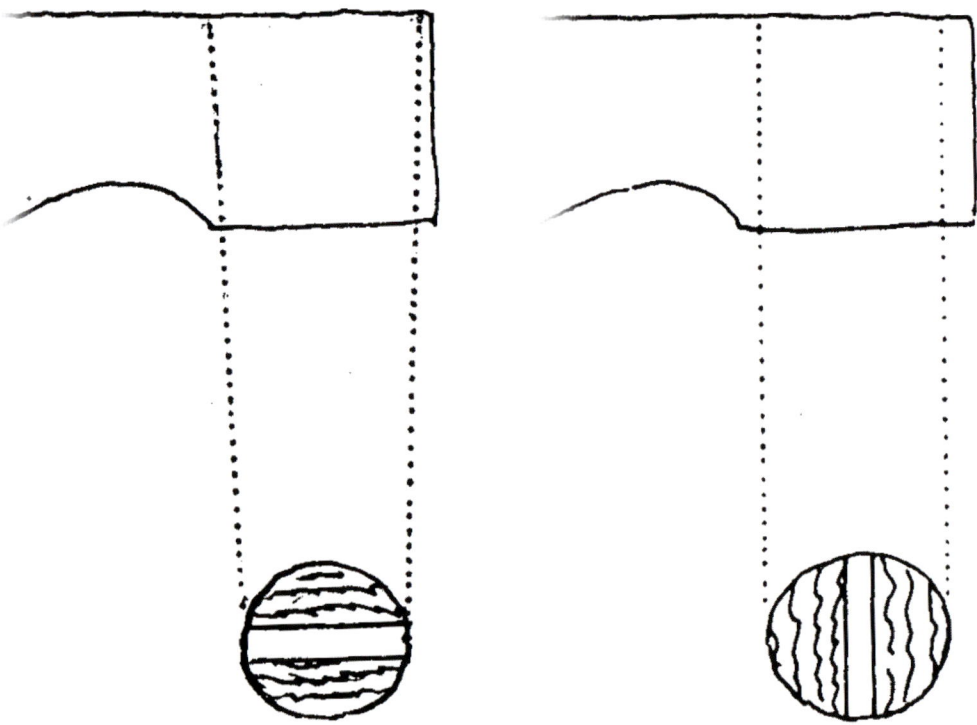

Unterschiedliche Lösungen: Das Auge im Axtkopf kann konisch (Skizze links) oder zylindrisch (rechts) sein. In einem konischen Auge hält der Stiel sicherer.

Dieses Holzstück bearbeitest du jetzt zuerst mit einem scharfen Messer, dann mit einer Raspel und einer Feile, so dass die Kanten gerundet sind und der fertige Stiel bündig in das Auge passt. Das ist Millimeterarbeit. Bei der Formgebung muss man berücksichtigen, ob das Auge konisch oder zylindrisch ist (siehe Skizze unten links), und ob es oval oder rund geformt ist. Ein Stiel mit ovalem Querschnitt, der sich zum Knauf hin verjüngt, liegt besonders angenehm in der Hand.

Jetzt wird der Stiel mit Schleifpapier geglättet und schließlich mit Leinöl oder Firnis eingelassen. Wenn der Schutzanstrich getrocknet ist, schneidest du von oben mit einer Säge einen Schlitz in den Teil des Stiels, den das Auge aufnehmen soll. Dann steckst du den Stiel in das Auge und sicherst ihn mit einem passenden Keil. Er wird von oben in den Schlitz geschlagen. Du kannst den Keil zusätzlich mit Holzleim fixieren. Dabei bleibt es dir überlassen, ob du den Keil quer oder in Blattrichtung setzt. Er sollte aber immer parallel zur Maserung des Holzes stehen.

Wenn das Auge konisch geformt ist, wird das Verkeilen überflüssig, weil die Klemmwirkung den Stiel im Auge hält. Sollte sich die Verbindung Stiel/Klinge lockern, hilft es, die Axt für einige Minuten ins Wasser zu legen, damit das Holz aufquillt.

Achte immer darauf, dass Stiel und Klinge fest miteinander verbunden sind!

Teil B: Axtwerfen

TYPISCHE WURFÄXTE

Klassische Modelle

Auch bei den Wurfäxten ist die Auswahl groß – wenn auch nicht so groß wie bei den Wurfmessern. Hier möchte ich nur einige typische Beispiele vorstellen. Erst wenn du mehrere Modelle ausprobiert hast, solltest du dich auf eines festlegen, mit dem du besonders gut zurechtkommst. Dabei spielt natürlich auch der optische Eindruck eine gewisse Rolle. Manchmal kann es auch angebracht sein, eine Wurfaxt zu modifizieren, damit sie deinen Anforderungen entspricht.

Elegante Form: Sogenannte französische Handelsaxt mit Hammerkopf.

Teil B: Axtwerfen

Frühe Form: Wikingeraxt (Bartaxt), handgeschmiedet, robust und formschön mit ausgeprägtem Bart. Die Schneidenlänge dieser Axt ist für Wettbewerbe nicht regelkonform.

Typische Vertreter: Große und kleine Wurfaxt mit Lederwicklung im vorderen Bereich.

Teil B: Axtwerfen

Wurfbeil „Wildmark": Das von Willy Albicker (Wildmark-Versand) entwickelte Beil mit einem im Gesenk geschmiedeten Blatt ermöglicht sehr präzise Würfe. Das Blatt ist wie bei einer fränkischen „Franziska" (siehe Seite 92) geformt und hat eine ausgeprägte „Nase".

Robuste Trapperaxt: Gelegentlich werden solche Modelle, bei denen die Rückseite des Kopfes in keiner Weise ausgeformt ist, als „squaw axes" bezeichnet.

Teil B: Axtwerfen

Wurfaxt „Trail Hawk": Diese robuste und effektive Axt mit Hammerkopf wird in Taiwan für die Firma ATC hergestellt. Auch die Firma Cold Steel bietet ein großes Angebot an Wurfäxten.

Piratenaxt: Diese wuchtige und kunstvolle Schmiedearbeit mit dem tordierten (verdrehten) Bereich zwischen Blatt und Kopf wurde nach einer historischen Vorlage aus dem 17. Jahrhundert angefertigt.

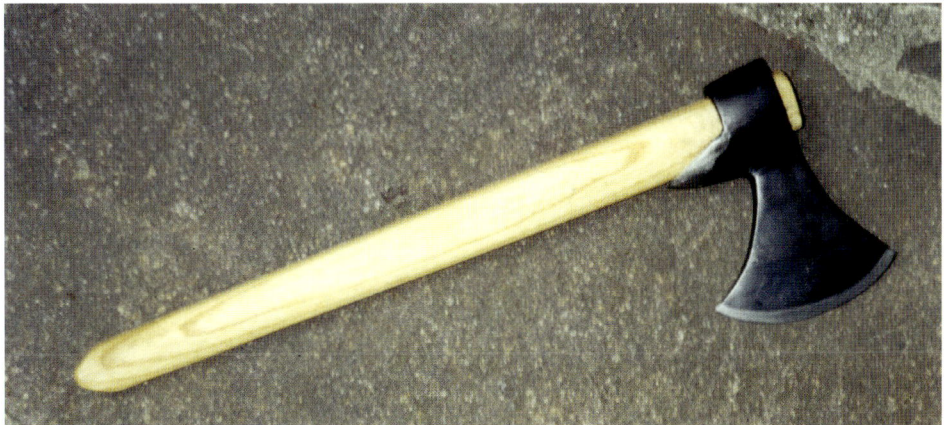

Virginia-Wurfaxt: Replika einer Axt aus dem 18. Jahrhundert mit symmetrischem Blatt, Hammerkopf und Dorn. Die Schneide ist ballig geschliffen.

Teil B: Axtwerfen

Ganzstahl-Wurfäxte: Bei diesen Modellen sind die gefürchteten Stielbrüche weitgehend ausgeschlossen. Die Durchbrüche im Kopf und Stiel dienen der Gewichtsverringerung.

Fränkische Wurfäxte: Nachbauten der von fränkischen Kriegern im 3. und 4. Jahrhundert geführten „Franziska". Die vorgezogene „Nase" ermöglicht, dass die Axt in einem senkrecht stehenden Ziel stecken bleibt, wenn der Stiel bereits waagerecht zum Boden steht.

Tactical Tomahawks

Bereits vor mehr als 50 Jahren hatte der ehemalige U.S. Marine Peter LaGana aufgrund seiner Erfahrungen im Zweiten Weltkrieg einen „fighting tomahawk" entwickelt, der nicht nur als handliches Werkzeug, sondern auch als effektive Waffe im Nahkampf gedacht war. LaGana verbesserte seinen Tomahawk mehrfach und gründete schließlich die American Tomahawk Company (ATC).

Während des Vietnamkrieges lieferte er seine Tomahawks vorzugsweise an dort eingesetzte Soldaten. Dieser sogenannte Vietnam-Tomahawk (VTAC) ist seither nahezu unverändert im militärischen Einsatz. Lediglich der hölzerne Stiel wurde durch einen weitaus stabileren Kunststoffstiel aus Acetyl ersetzt. Allerdings wurde der VTAC nie offiziell in die U.S.-Streitkräfte eingeführt. Die Soldaten beschaffen ihn auf eigene Kosten und führen ihn in den aktuellen Auslandseinsätzen als Teil ihrer Ausrüstung.

Der VTAC war und ist Vorbild für weitere Hersteller. Die amerikanische Firma SOG Specialty Knives & Tools zum Beispiel bietet nicht nur eine exakte Kopie an, sondern unter der Bezeichnung „Fusion" auch einen

LaGanas Vietnam-Tomahawk: Moderne ATC-Ausführung mit Acetyl-Stiel (675 g/36 cm). Der Stiel wird durch eine senkrecht in den Stielkopf gesetzte Inbus-Schraube zuverlässig im Auge gehalten.

Verbesserte Ausführung: SOG „Fusion"-Tomahawk mit Kunststoffstiel.

gelungenen Nachbau, dessen Ähnlichkeit mit dem Vietnam-Tomahawk kaum zu übersehen ist. Die Löcher im Blatt vermindern das Gewicht. Der ursprüngliche Stiel aus tropischem Hartholz war allerdings durch die ungewöhnliche Verbindung mit dem Kopf (Lasche und Hülse) geschwächt. Er brach vielfach schon allein aufgrund der Rotationskräfte, die auftreten, wenn der Tomahawk nach einem Wurf im Ziel stecken bleibt. SOG hat ihn deshalb ebenfalls durch einen Kunststoffstiel ersetzt, so dass dieses Problem nicht mehr auftritt. So ist eine sehr gut zu werfende, robuste und doch elegante Wurfaxt entstanden.

Eher nicht zu empfehlen

Vom Standpunkt des sportlich orientierten Werfers wirken sich folgende Kriterien bei Wurfäxten eher nachteilig aus:

- Ein extravagantes Design setzt eindeutig auf optische Eindrücke.
- Stark profilierte Stiele erschweren das momentfreie Loslassen.
- Klingen mit mehr als einem Blatt können das Trefferbild verfälschen und damit im Wettbewerb Punkte kosten.

Sei kritisch und lass dich nicht von verkaufsfördernden Effekten täuschen!

Teil B: Axtwerfen

Nicht gut zu werfen: Fantasie-Beile mit komplizierten Formen und mehreren Schneiden.

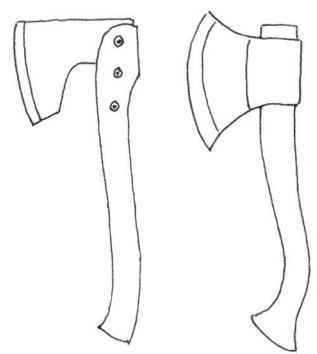

Ungünstig: Campingbeile mit geschwungenem Stiel.

Wichtiges Extra: Schutzhüllen für das Blatt der Axt.

SCHUTZHÜLLE UND TRAGETASCHE

Von der scharfen Schneide deiner Wurfaxt geht ein gewisses Verletzungsrisiko aus. Wenn die Axt nicht im Gebrauch ist, sollte die Schneide deshalb unbedingt geschützt sein. Entweder durch eine einfache Schutzhülle, die die Schneide bedeckt und nur einen Teil des Blatts umschließt, oder durch eine Tragetasche, die die gesamte Klinge aufnimmt, und die du bei Bedarf auch am Gürtel tragen kannst.

DOPPELAXTWERFEN

Die Doppelaxt ist eine schwere, langstielige Wurfaxt mit einem vorgeschriebenen Mindestgewicht von 1134 g (= 2 1/2 engl. Pfund) und einer Mindeststiellänge von 61 cm (= 24 Zoll). Sie hat zwei symmetrische Blätter, deren Schneiden nicht länger als jeweils 152 mm (= 6 Zoll) sein dürfen. Sie wird beim Ausholen zum Wurf beidhändig weit hinter den Rücken geführt und dann über Kopf nach dem Ziel geworfen.

Wegen des hohen Gewichts und des langen Stiels rotiert die Axt auf ihrem Weg durch die Luft verhältnismäßig langsam. Deshalb trifft sie das Ziel bei der vorgeschriebenen Wurfdistanz von 6,10 Metern (= 20 Fuß) nach einer vollen Umdrehung. Dabei zählen Treffer nur, wenn die Axt mit der vorderen Schneide in der Scheibe stecken bleibt und der Stiel nach unten zeigt.

Die Scheibe hat ein Zentrum (Wertung 5 Punkte) und vier Ringe (1 bis 4 Punkte) bei einem Durchmesser von etwa einem Meter. Wenn das vordere Blatt der Axt zwei Linien durchtrennt hat, wird die höhere Punktzahl gewertet.

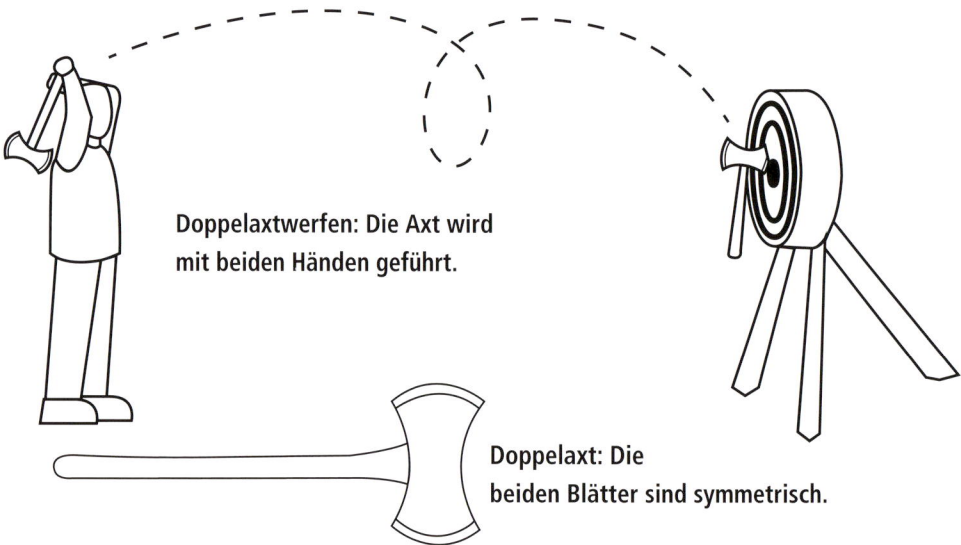

Doppelaxtwerfen: Die Axt wird mit beiden Händen geführt.

Doppelaxt: Die beiden Blätter sind symmetrisch.

TEIL C: ANHANG

RECHTLICHE ASPEKTE

So banal es auch klingen mag, aber es gilt der Grundsatz: Alle Messer sind erlaubt, die nicht ausdrücklich verboten sind.

Messer, die nicht als verbotener Gegenstand gelten (wie etwa sogenannte Butterfly-Messer oder Stoßdolche), darf man kaufen und besitzen. Wurfmesser werden allgemein als Sportgeräte betrachtet. Sie sind als solche eigentlich nicht vom Waffengesetz erfasst. Entscheidendes Kriterium ist die Zweckbestimmung. Denn in der Anlage 1 zum deutschen Waffengesetz (Abschnitt 1, Unterabschnitt 2, Nr. 1.1) werden Hieb- und Stoßwaffen definiert als „Gegenstände, die ihrem Wesen nach dazu bestimmt sind, unter unmittelbarer Ausnutzung der Muskelkraft durch Hieb, Schlag, Stoß oder Wurf Verletzungen beizubringen". Dazu sind unsere sportlich genutzten Wurfmesser definitiv nicht bestimmt – ihr Besitz ist also legal.

Von Fall zu Fall kann die Zuordnung eines Wurfmessers aber durchaus problematisch sein. Etwa dann, wenn es Merkmale eines Kampfmessers aufweist, zum Beispiel eine zweischneidige Dolchklinge. Solche Messer werden als Hieb- oder Stoßwaffe angesehen. Sie unterliegen einer Altersbeschränkung (Erwerb erst ab 18 Jahren) und grundsätzlich auch dem Trageverbot.

Dieses Trageverbot verbietet das öffentliche Führen (also das zugriffsbereite Tragen am Gürtel oder in der Tasche etc.) von einhändig bedienbaren Klappmessern und von feststehenden Messern, wenn deren Klinge über zwölf Zentimeter lang ist. Das Verbot betrifft auch alle Messer, die als Waffe eingestuft werden, unabhängig von der Bauform. Ob ein Wurfmesser (dessen Schneiden ja nicht scharf geschliffen sind) davon betroffen ist oder nicht, darüber könnte man sicher im Falle einer Beanstandung lange mit dem Gesetzesvertreter streiten. Das Waffengesetz (in diesem Fall der Paragraph 42a) sieht zwar ausdrücklich eine Ausnahmegenehmigung im Zusammenhang mit sportlichen Verwendungszwecken vor, doch die Praxis hat gezeigt, dass Polizisten (von denen viele das Waffengesetz leider ziemlich schlecht kennen) erstmal lieber auf Nummer sicher gehen und das fragliche Messer sicherstellen. Dabei ist es bereits zu absurden Situationen gekommen.

Deshalb sind viele Werfer dazu übergegangen, ihre Sportgeräte in verschlossenen Behältnissen (zum Beispiel abschließbaren Hartschalenkoffern) zu transportieren. Damit sind sie – nicht nur in Deutschland,

Dringend empfohlen: Aufbewahrung und Transport der Wurfgeräte in einem abschließbaren Hartschalenkoffer.

sondern auch im Ausland, wo die einschlägigen Bestimmungen unter Umständen sehr streng gehandhabt werden – auf der sicheren Seite und sehen sich nicht dem möglichen Vorwurf ausgesetzt, ihre Geräte zum sofortigen Zugriff (etwa zu Selbstverteidigungszwecken) bereit zu halten.

Ähnlich unklar ist die Lage bei Wurfäxten. Auch sie sind zunächst Werkzeuge oder Sportgeräte und keine Hieb- und Stoßwaffen. Aber ist ein Tomahawk etwa kein Kriegsbeil? Bei Karl May und J. F. Cooper ganz bestimmt! Oder wurden die Vietnam-Tomahawks nicht auch als gefürchtete Nahkampfwaffe eingesetzt? Und welche Zweckbestimmung verbirgt sich hinter der gängigen Bezeichnung „Tactical Tomahawk"? Solche Fragen zeigen, wie unterschiedlich die Bewertung unserer Wurfgeräte ausfallen kann, und mit welchen Konsequenzen zu rechnen ist.

WERFERTREFFEN UND WETTBEWERBE

Seit dem Jahr 2000 gibt es im Internet die Seiten www.messerwerfen.de und www.axtwerfen.de. Von diesen gingen die Anstöße für die ersten Werfertreffen in Deutschland aus, bei denen bereits Wettbewerbe im Messer- und Axtwerfen im Mittelpunkt standen. Neben regionalen Wettbewerben etablierte sich das „Große Werfertreffen", das zunächst mehrmals in Brandenburg stattfand, dann als „Europäisches Werfertreffen" jedes Jahr abwechselnd an verschiedenen Orten in Deutschland, Frankreich, Italien und Tschechien.

Bei einem dieser Werfertreffen wurde 2003 von 14 Gründungsmitgliedern der Verein „European Throwing Club Flying Blades (Eurothrowers)" aus der Taufe gehoben. Der Verein – mit ständig wachsenden Mitgliederzahlen – hat sich zum Ziel gesetzt, das sportliche Messer- und Axtwerfen europaweit zu vernetzen und zu popularisieren sowie bei der Ausrichtung von Wettbewerben behilflich zu sein.

Inzwischen gehören ihm Werfer aus vielen Ländern Europas und aus Übersee an, so dass das 10. Europäische Werfertreffen im September 2010 in Rom erstmals offiziell als Europameisterschaft im Messer- und Axtwerfen ausgewiesen wurde. Es wurden auch verbindliche Regeln für internationale Treffen in Europa ausgearbeitet.

Diese sehen als Standard-Disziplinen Wurf-Wettbewerbe aus drei Metern, fünf Metern und sieben Metern mit dem Messer sowie aus vier und sieben Metern mit der Axt vor. Die Wettbewerbsteilnehmer führen jeweils 21 Würfe auf eine Fünfer-Ringscheibe mit 50 Zentimetern Durchmesser aus, bei denen es auf Präzision ankommt. Außerdem gibt es Distanzwettbewerbe mit Messer und Axt, die Treffer aus größtmöglicher Entfernung fordern.

Anders als zum Beispiel in Frankreich gibt es in Deutschland keine örtlichen Messer- und Axtwerfervereine. Allerdings haben sich in Schleswig-Holstein, Niederbayern und im Schwarzwald Interessengruppen gebildet, die das Werfen mit der Doppelaxt betreiben.

BAUANLEITUNG: WURFZIEL BAUMSCHEIBE AUF STATIV

(1) 2 Kanthölzer
7 cm x 4 cm x 170 cm

(2) Stütze
7 cm x 4 cm x 165 cm

(3) Trapezförmiges Verbindungsstück (Stärke 3 cm)

(4) Trapezförmiges Verbindungsstück (Stärke 3 cm)

(5) 2 Wangen (Stärke 3 cm)

(6) Scharnier

(7) Spax 6 cm (20 Stück)

(8) Spax 3 cm (10 Stück)

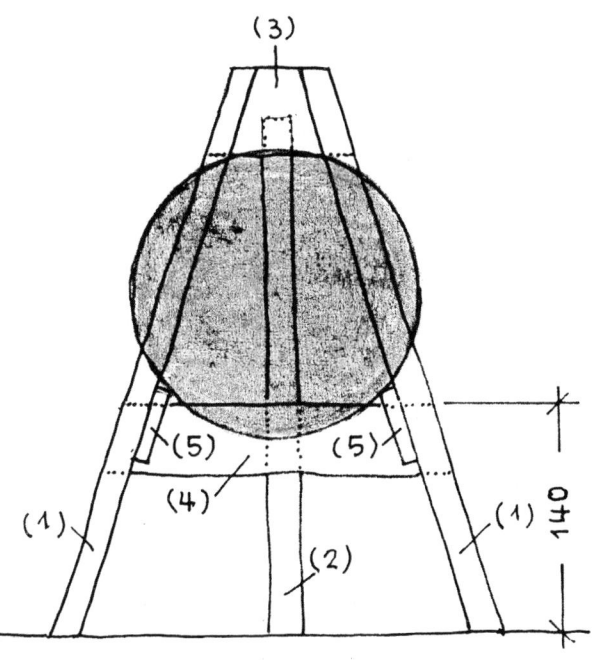

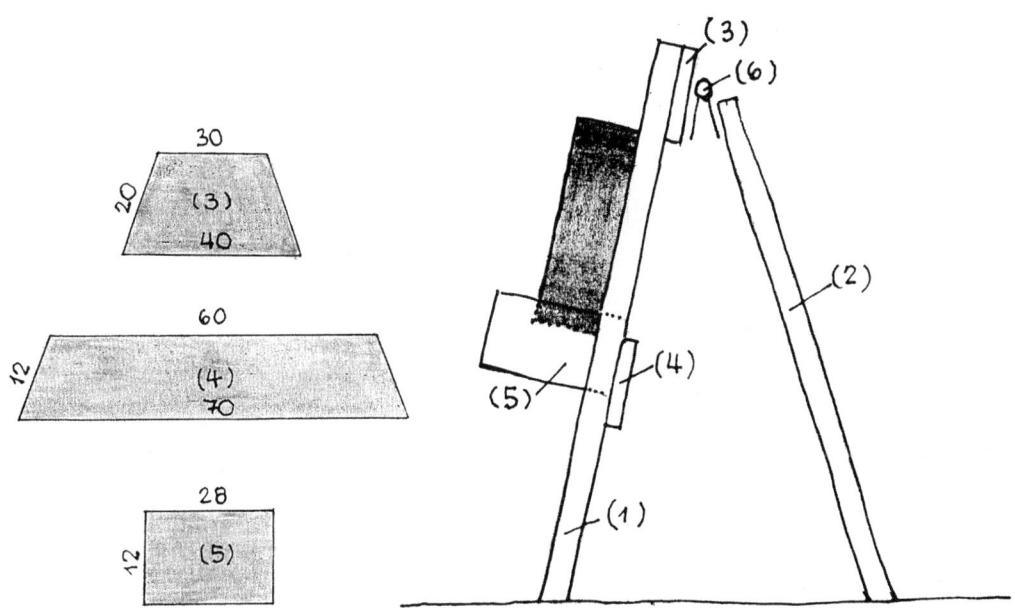

INTERNET-ADRESSEN

Hier findest du eine Auswahl einschlägiger Adressen, unter denen du im Internet weitere Informationen zum Thema Messer- und Axtwerfen abrufen kannst:

www.messerwerfen.de
www.axtwerfen.de
www.messerpete.de
www.eurothrowers.org
www.hacklwerfa.de
www.ikthof.com
www.ironpost.com
www.knifethrower.com
www.akta-usa.com
www.throwzini.com
www.jackdagger.com
www.stickingpoint.com
www.combatknifethrowing.com
www.knifethrowing.co.uk
www.alca68.free.fr
www.lanceurcouteaux.info
www.maitrelanceur.info
www.lanciatori.virtuale.org

LITERATUR

Applegate; Rex: Kill or Get Killed, The Military Service Publishing Company, Harrisburg PS 1961

Bär, Markus: Sportliches Messerwerfen, Verlag Weinmann, Berlin 1989

Berg, Elisabet: Das Buch der Äxte, Erikson & Gullberg, Stockholm 1996

Böll, Heinrich: Der Mann mit den Messern, in Der neue Robinson, Texte Band 2, CC Buchners Verlag, Hamburg 1961

Bothe, Carsten: Das Messerbuch, Venatus Verlag, Braunschweig 1997

Buerlein, Robert A.: Allied Military Fighting Knives and the Men who Made them Famous, The American Historical Foundation, Richmond VA 1961

Catania, Philippe: Du Lancer de Couteau, Selbstverlag, o.J.

Collins, Blackie: Knife Throwing, Knife World Publications, Knoxville TN, o.J.

Echanis, Michael D.: Knife Fighting, Knife Throwing for Combat, Black Belt Books, o. Erscheinungsort, o.J.

Ettig, Wolfgang: Messerwerfen als Sport und Hobby, Verlag W. Ettig, Bad Homburg 1989

Grant, David: Tomahawks – Traditional to Tactical, Paladin Press, Boulder CO 2007

Gurstelle, William: Messerwerfen & Absinth, Rogner & Bernhard, Berlin 2010

Heavrin, Charles A.: The Axe and Man, The Astral Press, Mendham NJ 1998

Hibben, Gil: The Complete Gil Hibben Knife Throwing Guide, United Cutlery Corp., Sevierville TN 1994

Lecoeur, Gerard: Le Couteau de Lancer, o. Erscheinungsort, Edition Crepin-Leblond 1998

Madden, James W.: The Art of Throwing Weapons, Paladin Press, Boulder 1991

Marinas, Amante P.: Pananandata Guide to Knife Throwing, United Cutlery Corp., Sevierville TN 1999

McEvoy, Harry K.:
- Knife Throwing in the Professional Style, The Tru-Bal Company, Grand Rapids 1969
- Knife Throwing, Charles E. Tuttle Company, Rutland VT 1980
- Tale of the Tomahawk, in: Knife World, Knoxville TN 1980
- Knife and Tomahawk Throwing, Charles E. Tuttle Company, Rutland VT 1988
- Knife and Tomahawk Throwing, Knife World Publications, Knoxville TN, o.J.

Millhauser, Steven: The Knife Thrower and Other Stories, Phoenix, London 1999

Petersen, Harold L.: American Indian Tomahawks, Heye Foundation, Glückstadt 1971

Thorn, Ralph: Combat Knife Throwing, Loompanics Unlimited, Port Townsend 2002